書名：章仲山挨星秘訣【修訂版】
系列：心一堂術數珍本古籍叢刊　堪輿類　無常派玄空珍秘
作者：【清】章仲山
主編、責任編輯：陳劍聰
心一堂術數古籍珍本叢刊編校小組：陳劍聰　素聞　梁松盛　鄒偉才　虛白盧主

出版：心一堂有限公司
通訊地址：香港九龍旺角彌敦道六一〇號荷李活商業中心十八樓〇五—〇六室
深港讀者服務中心·中國深圳市羅湖區立新路六號羅湖商業大廈負一層〇〇八室
電話號碼：(852)67150840
網址：publish.sunyata.cc
電郵：sunyatabook@gmail.com
網店：http://book.sunyata.cc
淘寶店地址：https://shop210782774.taobao.com
微店地址：https://weidian.com/s/1212826297
臉書：https://www.facebook.com/sunyatabook
讀者論壇：http://bbs.sunyata.cc/

版次：二零一四年三月修訂版
平裝

定價：港幣　　二百六十八元正
　　　人民幣　二百六十八元正
　　　新台幣　九百八十元正

國際書號：ISBN 978-988-8266-55-5

香港發行：香港聯合書刊物流有限公司
地址：香港新界大埔汀麗路36號中華商務印刷大廈3樓
電話號碼：(852)2150-2100
傳真號碼：(852)2407-3062
電郵：info@suplogistics.com.hk

台灣發行：秀威資訊科技股份有限公司
地址：台灣台北市內湖區瑞光路七十六巷六十五號一樓
電話號碼：+886-2-2796-3638
傳真號碼：+886-2-2796-1377
網絡書店：www.bodbooks.com.tw
台灣國家書店讀者服務中心：
地址：台灣台北市中山區松江路二〇九號一樓
電話號碼：+886-2-2518-0207
傳真號碼：+886-2-2518-0778
網絡書店：http://www.govbooks.com.tw

中國大陸發行　零售：深圳心一堂文化傳播有限公司
深圳地址：深圳市羅湖區立新路六號羅湖商業大廈負一層〇〇八室
電話號碼：(86)0755-82224934

心一堂微店二維碼

心一堂淘寶店二維碼

心一堂術數古籍 珍本 整理 叢刊 總序

術數定義

術數，大概可謂以「推算（推演）、預測人（個人、群體、國家等）、事、物、自然現象、時間、空間方位等規律及氣數，並或通過種種『方術』，從而達致趨吉避凶或某種特定目的」之知識體系和方法。

術數類別

我國術數的內容類別，歷代不盡相同，例如《漢書・藝文志》中載，漢代術數有六類：天文、曆譜、五行、蓍龜、雜占、形法。至清代《四庫全書》，術數類則有：數學、占候、相宅相墓、占卜、命書、相書、陰陽五行、雜技術等，其他如《後漢書・方術部》、《藝文類聚・方術部》、《太平御覽・方術部》等，對於術數的分類，皆有差異。古代多把天文、曆譜、及部份數學均歸入術數類，而民間流行亦視傳統醫學作為術數的一環；此外，有些術數與宗教中的方術亦往往難以分開。現代學界則常將各種術數歸納為五大類別：命、卜、相、醫、山，通稱「五術」。

本叢刊在《四庫全書》的分類基礎上，將術數分為九大類別：占筮、星命、相術、堪輿、選擇、三式、讖諱、理數（陰陽五行）、雜術（其他）。而未收天文、曆譜、算術、宗教方術、醫學。

術數思想與發展——從術到學，乃至合道

我國術數是由上古的占星、卜筮、形法等術發展下來的。其中卜筮之術，是歷經夏商周三代而通過

「龜卜、蓍筮」得出卜（筮）辭的一種預測（吉凶成敗）術，之後歸納並結集成書，此即現傳之《易經》。經過春秋戰國至秦漢之際，受到當時諸子百家的影響、儒家的推崇，遂有《易傳》等的出現，原本是卜筮術書的《易經》，被提升及解讀成有包涵「天地之道（理）」之學。因此，《易・繫辭傳》曰：「易與天地準，故能彌綸天地之道。」

漢代以後，易學中的陰陽學說，與五行、九宮、干支、氣運、災變、律曆、卦氣、讖緯、天人感應說等相結合，形成易學中象數系統。而其他原與《易經》本來沒有關係的術數，如占星、形法、選擇，亦漸漸以易理（象數學說）為依歸。《四庫全書・易類小序》云：「術數之興，多在秦漢以後。要其旨，不出乎陰陽五行，生尅制化。實皆《易》之支派，傳以雜說耳。」至此，術數可謂已由「術」發展成「學」。

及至宋代，術數理論與理學中的河圖洛書、太極圖、邵雍先天之學及皇極經世等學說給合，通過術數以演繹理學中「天地中有一太極，萬物中各有一太極」（《朱子語類》）的思想。術數理論不單已發展至十分成熟，而且也從其學理中衍生一些新的方法或理論，如《梅花易數》、《河洛理數》等。

在傳統上，術數功能往往不止於僅僅作為趨吉避凶的方術，及「能彌綸天地之道」的學問，亦有其「修心養性」的功能，「與道合一」（修道）的內涵。《素問・上古天真論》：「上古之人，其知道者，法於陰陽，和於術數。」數之意義，不單是外在的算數、歷數、氣數，而是與理學中同等的「道」、「理」——心性的功能，北宋理氣家邵雍對此多有發揮：「聖人之心，是亦數也」、「萬化萬事生乎心」、「心為太極」。《觀物外篇》：「先天之學，心法也。……蓋天地萬物之理，盡在其中矣，心一而不分，則能應萬物。」反過來說，宋代的術數理論，受到當時理學、佛道及宋易影響，認為心性本質上是等同天地之太極。天地萬物氣數規律，能通過內觀自心而有所感知，即是內心也已具備有術數的推演及預測、感知能力；相傳是邵雍所創之《梅花易數》，便是在這樣的背景下誕生。

《易・文言傳》已有「積善之家，必有餘慶；積不善之家，必有餘殃」之說，至漢代流行的災變說及讖緯說，我國數千年來都認為天災，異常天象（自然現象），皆與一國或一地的施政者失德有關；下至家族、個人之盛衰，也都與一族一人之德行修養有關。因此，我國術數中除了吉凶盛衰理數之外，人心的德行修養，也是趨吉避凶的一個關鍵因素。

術數與宗教、修道

在這種思想之下，我國術數不單只是附屬於巫術或宗教行為的方術，又往往是一種宗教的修煉手段——通過術數，以知陰陽，乃至合陰陽（道）。「其知道者，法於陰陽，和於術數。」例如，「奇門遁甲」術中，即分為「術奇門」與「法奇門」兩大類。「法奇門」中有大量道教中符籙、手印、存想、內煉的內容，是道教內丹外法的一種重要外法修煉體系。甚至在雷法一系的修煉上，亦大量應用了術數內容。此外，相術、堪輿術中也有修煉望氣（氣的形狀、顏色）的方法；堪輿家除了選擇陰陽宅之吉凶外，也有道教中選擇適合修道環境（法、財、侶、地中的地）的方法，以至通過堪輿術觀察天地山川陰陽之氣，亦成為領悟陰陽金丹大道的一途。

易學體系以外的術數與的少數民族的術數

我國術數中，也有不用或不全用易理作為其理論依據的，如揚雄的《太玄》、司馬光的《潛虛》。也有一些占卜法、雜術不屬於《易經》系統，不過對後世影響較少而已。

外來宗教及少數民族中也有不少雖受漢文化影響（如陰陽、五行、二十八宿等學說）但仍自成系統的術數，如古代的西夏、突厥、吐魯番等占卜及星占術，藏族中有多種藏傳佛教占卜術、苯教占卜術、擇吉術、推命術、相術等；北方少數民族有薩滿教占卜術；不少少數民族如水族、白族、布朗族、佤族、彝族、苗族等，皆有占雞（卦）草卜、雞蛋卜等術，納西族的占星術、占卜術，彝族畢摩的推命術、占卜術……等等，都是屬於《易經》體系以外的術數。相對上，外國傳入的術數以及其理論，對我國術數影響更大。

曆法、推步術與外來術數的影響

我國的術數與曆法的關係非常緊密。早期的術數中，很多是利用星宿或星宿組合的位置（如某星在某州或某宮某度）付予某種吉凶意義，并據之以推演，例如歲星（木星）、月將（某月太陽所躔之宮次）等。不過，由於不同的古代曆法推步的誤差及歲差的問題，若干年後，其術數所用之星辰的位置，已與真實星辰的位置不一樣了；此如歲星（木星），早期的曆法及術數以十二年為一周期（以應地支），與木星真實周期十一點八六年，每幾十年便錯一宮。後來術家又設一「太歲」的假想星體來解決，是歲星運行的相反，週期亦剛好是十二年。而術數中的神煞，很多即是根據太歲的位置而定。又如六壬術中的「月將」，原是立春節氣後太陽躔娵訾之次而稱作「登明亥將」，至宋代，因歲差的關係，要到雨水節氣後太陽才躔娵訾之次，當時沈括提出了修正，但明清時六壬術中「月將」仍然沿用宋代沈括修正的起法沒有再修正。

由於以真實星象周期的推步術是非常繁複，而且古代星象推步術本身亦有不少誤差，大多數術數除依曆書保留了太陽（節氣）、太陰（月相）的簡單宮次計算外，漸漸形成根據干支、日月等的各自起例，以起出其他具有不同含義的眾多假想星象及神煞系統。唐宋以後，我國絕大部份術數都主要沿用這一系統，也出現了不少完全脫離真實星象的術數，如《子平術》、《紫微斗數》、《鐵版神數》等。後來就連一些利用真實星辰位置的術數，如《七政四餘術》及選擇法中的《天星選擇》，也已與假想星象及神煞混合而使用了。

隨着古代外國曆（推步）、術數的傳入，如唐代傳入的印度曆法及術數，元代傳入的回回曆等，其中我國占星術便吸收了印度占星術中羅睺星、計都星等而形成四餘星，又通過阿拉伯占星術而吸收了其中來自希臘、巴比倫占星術的黃道十二宮、四元素學說（地、水、火、風），並與我國傳統的二十八宿、五行說、神煞系統並存而形成《七政四餘術》。此外，一些術數中的北斗星名，不用我國傳統的星名：天樞、天璇、天璣、天權、玉衡、開陽、搖光，而是使用來自印度梵文所譯的：貪狼、巨門、祿存、文曲，廉貞、武曲、破軍等，此明顯是受到唐代從印度傳入的曆法及占星術所影響。如星命術的《紫微斗數》及堪輿術的《撼龍經》等文獻中，其星皆用印度譯名。及至清初《時憲曆》，置閏之法則改用西法「定氣」。清代以後的術數，又作過不少的調整。

陰陽學——術數在古代、官方管理及外國的影響

術數在古代社會中一直扮演着一個非常重要的角色，影響層面不單只是某一階層、某一職業、某一年齡的人，而是上自帝王，下至普通百姓，從出生到死亡，不論是生活上的小事如洗髮、出行等，大事如建房、入伙、出兵等，從個人、家族以至國家，從天文、氣象、地理到人事、軍事，從民俗、學術到宗教，都離不開術數的應用。我國最晚在唐代開始，已把以上術數之學，稱作陰陽（學），行術數者稱陰陽人。（敦煌文書、斯四三二七唐《師師漫語話》：「以下說陰陽人謾語話」，此說法後來傳入日本，今日本人稱行術數者為「陰陽師」）。一直到了清末，欽天監中負責陰陽術數的官員中，以及民間術數之士，仍名陰陽生。

古代政府的中欽天監（司天監），除了負責天文、曆法、輿地之外，亦精通其他如星占、選擇、堪輿等術數，除在皇室人員及朝庭中應用外，也定期頒行日書、修定術數，使民間對於天文、日曆用事吉

凶及使用其他術數時，有所依從。

中國古代政府對官方及民間陰陽學及陰陽官員，從其內容、人員的選拔、培訓、認證、考核、律法監管等，都有制度。至明清兩代，其制度更為完善、嚴格。

宋代官學之中，課程中已有陰陽學及其考試的內容。（宋徽宗崇寧三年〔一一零四年〕崇寧算學令：「諸學生習……並曆算、三式、天文書。」，「諸試……三式即射覆及預占三日陰陽風雨。天文即預定一月或一季分野災祥，並以依經備草合問為通。」

金代司天臺，從民間「草澤人」（即民間習術數之士）考試選拔：「其試之制，以《宣明曆》試推步，及《婚書》、《地理新書》試合婚、安葬，並《易》筮法，六壬課、三命、五星之術。」（《金史》卷五十一・志第三十二・選舉一）

元代為進一步加強官方陰陽學對民間的影響、管理、控制及培育，除沿襲宋代、金代在司天監掌管陰陽學及中央的官學陰陽學課程之外，更在地方上增設陰陽學之課程（《元史・選舉志一》：「世祖至元二十八年夏六月始置諸路陰陽學。」）地方上也設陰陽學教授員，培育及管轄地方陰陽人。（《元史・選舉志一》：「（元仁宗）延祐初，令陰陽人依儒醫例，於路、府、州設教授員，凡陰陽人皆管轄之，而上屬於太史焉。」）自此，民間的陰陽術士（陰陽人），被納入官方的管轄之下。

至明清兩代，陰陽學制度更為完善。中央欽天監掌管陰陽學，明代地方縣設陰陽學正術，各州設陰陽學典術，各縣設陰陽學訓術。陰陽人從地方陰陽學肄業或被選拔出來後，再送到欽天監考試。（《大明會典》卷二二三：「凡天下府州縣舉到陰陽人堪任正術等官者，俱從吏部送（欽天監），考中，送回選用；不中者發回原籍為民，原保官吏治罪。」）清代大致沿用明制，凡陰陽術數之流，悉歸中央欽天監及地方陰陽官員管理、培訓、認證。至今尚有「紹興府陰陽印」、「東光縣陰陽學記」等明代銅印，及某某縣某某之清代陰陽執照等傳世。

清代欽天監漏刻科對官員要求甚為嚴格。《大清會典》「國子監」規定：「凡算學之教，設肄業生。滿洲十有二人，蒙古、漢軍各六人，於各旗官學內考取。漢十有二人，於舉人、貢監生童內考取。附學生二十四人，由欽天監選送。教以天文演算法諸書，五年學業有成，舉人引見以欽天監博士用，貢監生童以天文生補用。」學生在官學肄業、貢監生肄業或考得舉人後，經過了五年對天文、算法、陰陽學的學習，其中精通陰陽術數者，會送往漏刻科。而在欽天監供職的官員，《大清會典則例》「欽天監」規定：「本監官生三年考核一次，術業精通者，保題升用。不及者，停其升轉，再加學習。如能黽勉供職，即予開複。仍不及者，降職一等，再令學習三年，能習熟者，准予開複，仍不能者，黜退。」除定期考核以定其升用降職外，《大清律例》中對陰陽術士不準確的推斷（妄言禍福）是要治罪的。《大清律例・一七八・術七・妄言禍福》：「凡陰陽術士不許於大小文武官員之家妄言禍福，違者杖一百。其依經推算星命卜課，不在禁限。」大小文武官員延請的陰陽術士，自然是以欽天監漏刻科官員或地方陰陽官員為主。

官方陰陽學制度也影響鄰國如朝鮮、日本、越南等地，一直到了民國時期，鄰國仍然沿用着我國的多種術數。而我國的漢族術數，在古代甚至影響遍及西夏、突厥、吐蕃、阿拉伯、印度、東南亞諸國。

術數研究

術數在我國古代社會雖然影響深遠，「是傳統中國理念中的一門科學，從傳統的陰陽、五行、九宮、八卦、河圖、洛書等觀念作大自然的研究。……傳統中國的天文學、數學、煉丹術等，要到上世紀中葉始受世界學者肯定。可是，術數還未受到應得的注意。術數在傳統中國科技史、思想史，文化史、社會史，甚至軍事史都有一定的影響。……更進一步了解術數，我們將更能了解中國歷史的全貌。」（何丙郁《術數、天文與醫學中國科技史的新視野》，香港城市大學中國文化中心。）

可是術數至今一直不受正統學界所重視，加上術家藏秘自珍，又揚言天機不可洩漏，「（術數）乃吾國科學與哲學融貫而成一種學說，數千年來傳衍嬗變，或隱或現，全賴一二有心人為之繼續維繫，賴以不絕，其中確有學術上研究之價值，非徒癡人說夢，荒誕不經之謂也。其所以至今不能在科學中成立一種地位者，實有數困。蓋古代士大夫階級目醫卜星相為九流之學，多恥道之；而發明諸大師又故為惝恍迷離之辭，以待後人探索；間有一二賢者有所發明，亦秘莫如深，既恐洩天地之秘，復恐譏為旁門左道，始終不肯公開研究，成立一有系統說明之書籍，貽之後世。故居今日而欲研究此種學術，實一極困難之事。」（民國徐樂吾《子平真詮評註》，方重審序）

現存的術數古籍，除極少數是唐、宋、元的版本外，絕大多數是明、清兩代的版本。其內容也主要是明、清兩代流行的術數，唐宋以前的術數及其書籍，大部份均已失傳，只能從史料記載、出土文獻、敦煌遺書中稍窺一鱗半爪。

術數版本

坊間術數古籍版本，大多是晚清書坊之翻刻本及民國書賈之重排本，其中豕亥魚魯，或而任意增刪，往往文意全非，以至不能卒讀。現今不論是術數愛好者，還是民俗、史學、社會、文化、版本等學術研究者，要想得一常見術數書籍的善本、原版，已經非常困難，更遑論稿本、鈔本、孤本。在文獻不足及缺乏善本的情況下，要想對術數的源流、理法、及其影響，作全面深入的研究，幾不可能。

有見及此，本叢刊編校小組經多年努力及多方協助，在中國、韓國、日本等地區搜羅了一九四九年以前漢文為主的術數類善本、珍本、鈔本、孤本、稿本、批校本等數百種，精選出其中最佳版本，分別輯入兩個系列：

一、心一堂術數古籍珍本叢刊

二、心一堂術數古籍整理叢刊

前者以最新數碼技術清理、修復珍本原本的版面，更正明顯的錯訛，部份善本更以原色精印，務求更勝原本，以饗讀者。後者延請、稿約有關專家、學者，以善本、珍本等作底本，參以其他版本，進行審定、校勘、注釋，務求打造一最善版本，供現代人閱讀、理解、研究等之用。不過，限於編校小組的水平，版本選擇及考證、文字修正、提要內容等方面，恐有疏漏及舛誤之處，懇請方家不吝指正。

心一堂術數古籍 珍本 整理 叢刊編校小組

二零一三年九月修訂

《章仲山挨星秘訣（修定版）》提要

《章仲山挨星秘訣》一卷。[清]章仲山等撰。清鈔本。線裝。未刊稿。書中有「仲山所取」等語，疑為章氏門人筆錄章氏玄空秘訣之秘鈔本。

書端原題《章仲山拗馬秘訣》，今據內容改題《章仲山挨星秘訣》。

章甫，字仲山，自號錫山無心道人，江蘇無錫梁溪人。乃清代中葉三元玄空地理名家，流傳著述有《地理辨正直解》、《天元五歌闡義》、《元空秘旨註》、《心眼指要》、《臨穴指南》、《陰陽二宅錄驗》（《仲山宅斷》）、《保墓良規》、《章仲山挨星秘訣》（《拗馬秘訣》）等。傳子雲谷、孫其漢，門人有桐鄉陳柳愚、長州柯遠峰、金匱錢荊山（即錢韞巖）、吳縣徐嘉穀、湖州陳陶生、金匱陶康吉等。

據章氏於道光元年（一八二一年）的《地理辨正直解‧自敘》云：「今去（蔣大鴻）先生未久，……百年之近。」蔣氏為康熙初年時人，百年之後，則章氏當生於乾隆中期。又據武進李述來亦於道光元年寫的《地理辨正直解、跋》云：「神明其道于大江南北已三十年。」往上而推，則章氏當在乾隆末期即已以堪輿術行道。再據《章仲山挨星秘訣》內〈北斗七星打劫〉一節中云：「蔣傳姜，姜傳張，張抱道，不輕言，姚得之，大江口，歲乙卯，傳斯篇。」章氏確實屬於蔣大鴻嫡派真傳，源自姜垚一脈，中歷張右雷、姚赤電二代，於乙卯年得傳。此乙卯年應即乾隆六十年（一七九五年）。經嘉慶，至道光，章氏已是名滿江浙的一代地理名師。因為章氏及其門人多在無錫、常熟一帶行道，遂被後世稱作玄空六大派之一的「無常派」。

章氏一派影響其後堪輿界甚鉅，如華湛恩《天心正運》、溫明遠《辨正續解》、、高守中《地理冰海》等（以上皆輯入心一堂術數珍本叢刊，即將出版），皆甚推重章氏之言。唯章氏作法是以挨星訣為核心，并以後天九宮飛星作挨星，即以山向二星入中順逆飛佈九宮作為擇地、佈局、立向、斷事等推演吉凶之本，若與蔣大鴻其他門人所傳及當時玄空各派之作法：多以先後天等法乘元運擇地、佈局，再以挨星等訣立向，二者比較，無常派明顯已有側重。此況亦影響了清末的沈竹礽（一八四九—一九零六），沈氏終其一生都在破譯章氏玄空作法種種，後在章氏後人處以重金借抄得《陰陽二宅錄驗》，才從中悟出章氏挨星之法，從亦以飛星為主，後由其子沈瓞民及諸同門，在民國初年集成《沈氏玄空學》一書，將秘訣公諸於世。同時期亦有談養吾著《大玄空路透》、《大玄空實驗》、《辨正新解》，尤惜陰著《宅運新案》、榮柏雲著《二宅實驗》等，推波助瀾，飛星法乃成玄空顯學，蔚為大宗，影響至今。

有關本書《章仲山挨星秘訣》，應是家傳授徒秘本，從未公開刊刻，一直只有鈔本在內部流傳。似乎沈竹礽以多年搜羅玄空風水秘本，資料雖已可謂汗牛充棟，也未曾見過此鈔本。今據本書，可知沈氏所悟出的挨星中的九星分陰陽法、〈坤壬乙訣〉、〈北斗七星打劫〉等，皆不同於章氏。

本書珍貴之處，除解開了百多年來章氏師承問題及無常派玄空的種種秘密訣法外，也論及玄空大卦的源流，認為與奇門同出一源。這也是研究玄空大卦一派源流的珍貴資料。關於論玄空大卦與奇門同出一源的〈坤壬乙訣起例之由來〉一節，也在民國二十二年（一九三三）王則先增編六卷本《沈氏玄空學》時，摘錄附入卷五《玄空輯要》之內。但王則先並未交待原文出處，只說「是篇得自友人秘本」而已。通過比對可知，王氏只是摘錄了全書的一小部份，或王氏只見到原書的一部份。詳盡論述，具見原鈔。

本書原題作《章仲山拗馬秘訣》，所謂「拗馬」，據《沈氏玄空學》卷五《玄空輯要》內〈直向〉一節的王則先述云：「立向之法，正向兼向之外，顧更有所謂直向者，包括錯卦互卦。其法係就出宮兼與陰陽互兼之一部用〈坤壬乙訣〉尋替，然挨法與替卦異。傳者謂直向之名，出於章氏仲山，而時人即稱為拗馬，以其愈錯則愈直，愈拗而愈正也。」又云：「直向之名，不著於世，且與替卦並行，莫之適從，友人抄本中謂其法為宗章氏者所採取。……總之直向偏重水法。」王則先亦在《玄空輯要》內的〈兼向〉、〈五黃〉、〈反伏吟〉各節，提及宗章氏者另有不同的作法，凡所論述皆可於鈔本中得見其原文。由此可以證明，章氏作法是有與沈氏不同之處，亦益見此冊確為章仲山一系的秘本。

《章仲山挨星秘訣》鈔本中，不僅是論直向的〈拗馬秘訣〉，尚有〈山上排龍之法〉、〈水裏排龍之法〉、〈三元局排運訣〉、〈論向運吉〉、〈北斗七星打劫〉、〈秘傳啞兒經〉、〈三奇九星挨星秘旨妙訣〉等內容，皆為珍貴的玄空法資料，若能持之與章氏公開刊刻的《地理辨正直解》、《天元五歌闡義》、《元空秘旨註》、《心眼指要》四書、章氏另一家傳秘本《臨穴指南》（虛白廬藏本，輯入心一堂術數珍本叢刊・堪輿類・無常派玄空珍秘系列）及無常派玄空另一經典《堪輿一覽》（輯入心一堂術數珍本叢刊・堪輿類・無常派玄空珍秘系列）等書對讀，當有會心，可以窺知無常派的真傳奧秘。

為令此稀見鈔本不致湮沒，特以最新數碼技術清理、修復版面，以原色刊精印出版，一以作玄空法訣資料保存，一以供同道中人參考研究。

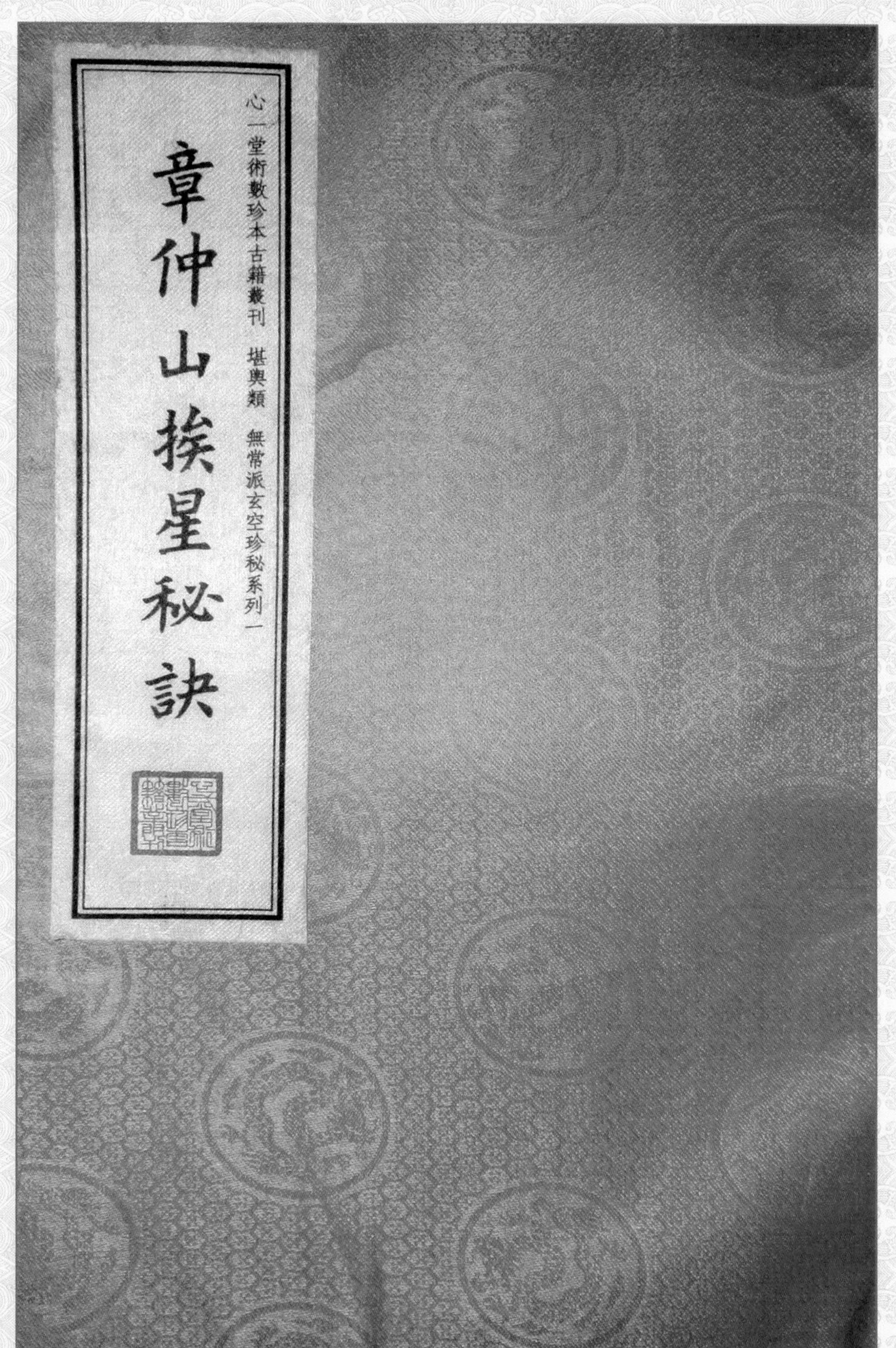
心一堂術數珍本古籍叢刊　堪輿類　無常派玄空珍秘系列一
章仲山挨星秘訣

章仲山拗馬秘訣

名非有定星隨氣變山用順而水用逆水用逆而星仍用順在山山上起在水水裡起地盤總是順將所葬之年何運入中順飛到向上得何星卦看陰陽而定順逆即將向上之星入中飛去為天盤假如五黃到向上五黃無位將盤上陰陽分為順逆五黃入中當令乘時伏吟不忌反吟又不忌或是六白運用乾山巽向即順局為伏吟六白運用戌山辰向即逆局為反吟或一白在一宮為伏吟一白在九紫宮為反吟也

中五即五黃運二十年辰戌丑未寄在乾坤艮巽之內上十年旺丑戌下十年旺辰未又遇丑戌年在丑戌方有水旺中上二年如向上水遇五黃前十年之內己丑丙戌二年更旺矣凶山者向上無水也或遇辰未年在辰未方有水中下即旺如有水至五黃壬辰乙未年即發矣六白運坎水為催官水有離峯力加十倍如六白運戌山辰向六到向離方有水即坎水為催官水坎方有峯即離峯有坎水有離峯力量更大無峯力輕

下元九紫運內有巽水為四九為友巽水又旺又有

乾峯加力十倍即九運內午丁山子癸向向上有水是九水乾方有水即巽水名四九為友巽方有峯即乾峯有巽水有乾峯力量更大無峯力少

八宮同有水無峯而無氣或有財無丁矣

一白起二三四五六七八九止用排山掌訣用星各歸本位九紫起一白止逆行到坎止五黃前用一二三四星順排六七八九星逆推五黃後用六七八九星順飛一二三四星逆佈耳傳曰數往者順知來者逆其法蓋以中五為皇極中五以前為往往者順一二三四是也中五以後為來來者逆九八七六是也

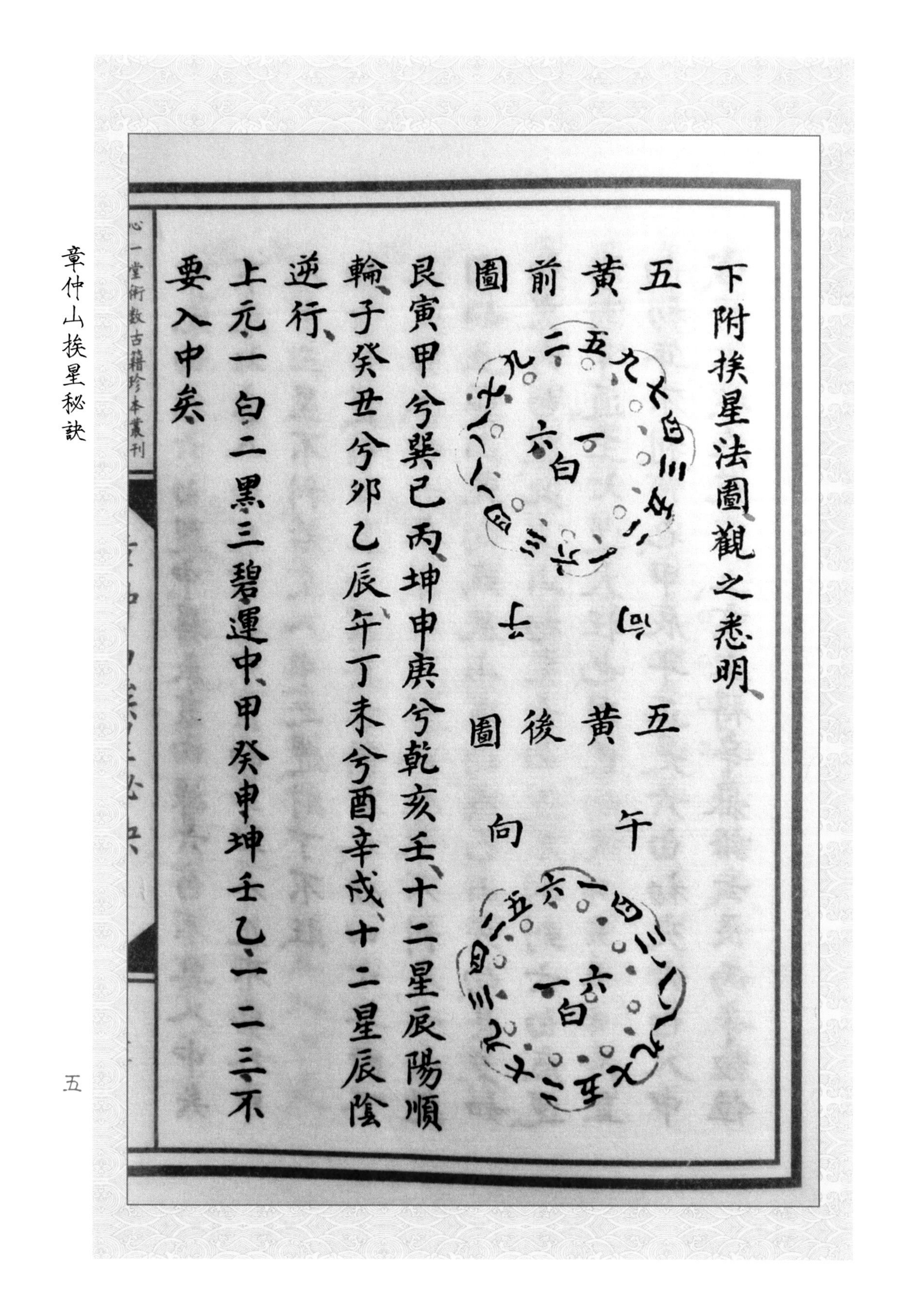

下附挨星法圖觀之悉明

五黃前圖

五黃後圖

午向

艮寅甲兮巽巳丙坤申庚兮乾亥壬、十二星辰陽順輪、子癸丑兮卯乙辰午丁未兮酉辛戌、十二星辰陰逆行、上元一白二黑三碧運中、甲癸申坤壬乙、一二三不要入中矣

中元四綠六白運中巽辰亥四綠六白不要入中矣
下元七赤八白九紫運中艮丙辛七八九不要入中
入中三星不利若交入中之運財丁不旺
如六白運用卯直向震巽方俱有水發四十年財丁
此是卯上挨六在卯七在巽八在中不利矣六白運
內如立巽山乾向或辰山戌向或巳山亥向甚多如
初交六白運此三山初交六白運不利到六白底運
漸漸亨通至七運大旺也用巳向亥即亥兼壬是直
向初年不利何也甲辰年正是六白初交六白入中
宮將七挨在乾亥上亥上得辛奧語云艮丙辛位位

是破軍即七挨在向上順挨八在兌也大凡直向總是順挨不論陰陽順逆如運初年不利一到甲寅方可初年六白在中七在乾宮尚未到七運故不利甲寅方吊動七赤故能漸漸亨通

六運

五	一	三
四	六	八
九	二	七

辰向

六	一	八
七	五	三
二	九	四

六運立辰向局運對待合十亥壬向得巽風吹之局運與向合十為正

七運

六	二	四
五	七	九
一	三	八

坎向

四	八	六
五	三	一
九	七	二

向局若乙向五入中是向與局合十亦為大吉不如運與向合十尤吉

八運

五一九
三八四
七六二

丙向

六一二
八三七
四五九

因中宮合十也若八運立艮向則合十艮是八再加八艮之謂之伏吟不用故立丙向也運與局合十甚吉但運短耳

九運

六二一
四九五
八七三

乾向

四八九
六一五
二三七

一入五中不利乾向運與合十尤吉

上元一二三為雄須用七八九雌以收之

中元四五六四為雄用六雌以收之六為雄用四雌以收之五為雄用四六雌以收之

下元七八九為雄用一二三雌以收之所謂挨星即在九宮內一一挨去以配雌雄矣上元一二三四之氣謂之生旺之氣上元中適值當令者為旺將來交到者為生已過者為衰過去已久者為死上元一二三四之氣挨在下元地盤上六七八九之方有水則能界住上元一二三四之氣矣假如上元一白當令水要在地盤之離能收一白之旺氣如一白當令即收一白水為之然水盖一白處有水能收下元九紫之氣也貪狼原是發來遲坐向穴中人未知立宅安坟過兩紀方生貴子好（男）兒都天寶

照經語謂人地兩元兼收一白之水所以遲也

排山上龍神之法

山上龍神不下水水裡龍神不上山此大指而言也如山上排龍當令之星是七赤七運中立乙辛兼辰戌乙山得七赤當令之星為旺氣八在坤是將來者為生七八兩方要高九在坎有實地如有高山之星所得矣山管人丁必好生往者之星是六六為衰氣在巽方若得巽方高則衰氣得力反要巽乾兩方有水將衰死之氣放在水裡總要生旺之氣放在高處即是收山出煞之妙法生旺之氣為陽衰死之氣為

陰即是陰陽相配之妙也
水裡排龍之法當令七赤運順排之兑是九也以九入中逆排之兑是七是七赤當令為旺是也必要兑方有水八在乾八為生氣乾方有水此為得法六為衰氣五四為死氣不可得水反要有高處此為收山出煞之功有水則凶高處則吉六在艮艮方無水為吉五為離離為死氣要高乾方來水是八八為生氣放在來水之上山上排龍山水之死氣亦要放在水裡為之合法乾方來水之氣為陽山上之死氣為陰即是陰陽相配矣

論山上龍神下水逢年月日時挨到有尅洩主內病

震肝病巽胆病離心病坎腎病乾肺病坤脾病

艮胃病兌大腸病

乾馬　坤牛　震龍　巽鷄　坎豕　艮狗

兌羊　離虎

論水裡龍神上山逢年月日時挨到有尅洩主外病

乾豆病坤腰病震足病巽股病坎耳病艮手病

兌口病離目病

十干應身病歌

甲首乙項喉丙肩兩目　　癸足丁心戊脇己脾腹

庚腰（臍）辛膝（股）壬居（脛）手　仔細推排分休咎

一掌金法

甲肝乙胆丙小腸　丁心戊胃己脾鄉
庚是大腸辛屬肺　壬是膀胱癸腎臟
火心金肺木從肝　脾胃從來戊己看
腎臟非方壬癸水　相生相尅許多般

元空大卦合奇門起例

坎　坤　震　巽　中　乾　兌　艮　離

休　死　傷　杜　禽　開　驚　生　景

一白　二黑　三碧　四綠　五黃　六白　七赤　八白　九紫

天蓬　天芮　天冲　天輔　天禽　天心　天柱　天任　天英

甲子　甲戌　甲申　甲午　甲辰　甲寅　丁　丙　乙

戊　己　庚　辛　壬　癸

戊癸　乙癸　庚　辛　空位　甲壬　丁　丙　乙

貪狼　巨門　祿存　文曲　廉貞　武曲　破軍　左輔　右弼

元空大卦

地理元空大卦與奇門同出一原欲知真訣只在陰陽一動一靜之間配合生生之妙故立向辨方位推運測氣以運星為體流傳之星辰為用二十四山向從此推斷吉凶無不應驗若卦出兼向須用寄星故曰兼左右空中尋空者何五黃中宮之謂也如奇門寄坤者也而八卦中宮各有所寄經曰坤壬乙巨門從頭出坤為巨門不待言矣壬為坎卦之寄星如陽一局坎上起甲子戊坤上起甲戌己震甲申庚巽上甲午辛而中宮甲辰壬矣是以壬寄坤巨門為一例已盡巨門寄陽一局矣而陰九局安排

六甲分八卦佈九宮亦以壬為寄星凡有向兼出卦者以流傳之星逢壬字即以巨門配之至於乙屬巨門乃乾上陽之寄星也陽局乾起甲子順陰局巽上起甲子逆行則乙字皆入中矣從頭出者從坤者也坤壬乙寄在上元三卦故論巨門

艮丙辛位位是破軍奇門以兌為天柱配破軍不曰庚而曰辛何也庚為震卦是陽局之寄星甲子戊起於震甲申庚以入中宮是配天冲故不為破軍庚為兌卦是陰七局之寄星自為破軍不必更為破軍巨門下元寄艮但艮配輔星例於非斗之例不當正位

是不得輔星寄也至於辛乃上元坤卦所寄坤上起甲子戊而甲午辛入中宮矣何以不配巨門而曰破軍以下元之星責重下元也如陰局甲子戊起艮甲午辛亦入中矣故不能附於上元且兌配丁而丁巳入艮是艮化七赤破軍矣自坤起天蓬順佈天柱已入艮宮矣則艮為破軍也明甚何以不名丑寅而曰艮艮曰父母卦且臨丙配天任為兌卦陽七局之寄星兌起甲子戊順排丙入中宮矣兌起天蓬而天任入中矣斗杓內下元只有七赤破軍一星而輔弼兩星不與焉二七陽局三八陰局亦如是之艮丙辛俱

在下元三卦故位位是破軍也
巽○辰○亥○盡是武曲位何皺此中元巽中乾三卦專取
武曲為吉星中宮屬五黃配天禽而無定位分寄巽
乾通乎坤艮臨制四方無不遇徧此造化運用之主
宰也奇門各有所寄三元八卦六甲九宮陰陽消長
順逆殊塗以明用法之變同生化莫測此中大道有
至理存焉但言巽辰亥武曲臨而不言及中宮者巽
木上乘乎震五黃在巽則武曲為寄星矣乾金下達
乎兌五黃合乾則文曲寄矣亥為五黃居中順一局
辰為五黃居中逆一局以明用法之不同使武曲以

得臨二十四山之方位矣巽乘乎震以武曲為寄星使人伸風雷之恩而帝德楊於王庭矣乾逢乎兑以文曲為寄星使人沾天澤之恩而文德敷於四海矣故元空大卦與巨門同出一原其中宮之謂矣

甲癸申貪狼一路行三元已週運窮反本之義貪狼坎卦也甲癸申者甲子戊也佈六儀配奇門同起一宮故曰一路行六甲起於坎故以甲為貪狼戊癸為坎卦之符首起於一白故亦以為貪狼名之陰陽一九兩局順逆相推則癸俱在中宮矣癸陽九局之寄星寄巨門又為陰一局之寄星可配巨門何以仍屬

貪狼曰在一路行故也元空大卦以中宮起星五黃主事以甲子戊起中宮之寄星也可然既以戊為貪狼則二十四山而無或一位故取五黃中宮為寄星也戊在中宮寄居坤坤是巨門不得與貪狼並駕焉戊土生於申申乃坤卦之陽爻故申代伐而劉於貪狼之目矣故曰甲癸申者即甲子戊也子癸同是陰局故壬不與也懇語首節責重八千四維者以地支分界中也凡出卦兼向責重於干支縫中既以各司一星而乾與丁獨無寄星將何言也乾為離陽九局之寄星以附癸列於貪狼主辨無容另尋至於丁為

艮八陽局之寄星甲子戊起於艮則丁巳入中矣下元寄艮與輔星為一例故專用寄星也奇門中寄坤而不寄艮亦是此意知此法不須尋納甲者何也八卦已配九星矣而九宮中各有十二星在焉故曰不須尋納甲

生入尅入生出尅出者何也坐山居衰敗之位挨得生旺之星謂為尅出向水居衰敗之位挨得生旺之星謂之尅入山水居生旺之位挨得衰敗之星即謂生入尅出山得生旺之位挨得生旺之星而水上又居衰敗之位亦挨得生旺之星自然一奚便榮山居

衰敗水居生旺之位又挨得衰敗之星一奐便廢生旺乘時衰敗失運不可不辨至於推斷之法深甚無窮變化莫測在閱者之心靈目巧非筆舌所能得道惟深究而自得此即天卦江東掌上尋知了值千金是也圖中內第一層洛書正運第二層二十四山第三層乃奇門八千陰陽各九局之符首置而不用也第四層物物太極向首一星災福柄陽順陰逆行不必另尋山向而山向為主以八宮審其生尅也或出卦或兼本宮陰陽錯雜則用空中尋即用甚語中坤壬乙四局第五層與六層運與星俱有順逆然已備於四

層中不可再尋耳

且上元取子午夘酉乾坤艮巽中元取寅申巳亥乙辛丁癸下元取辰戌丑未甲庚壬丙無論山水如轉得一字清純又得生旺之星臨其上即能發越若衰敗之星辰難免敗絶此楊公救貧之法凡取水以逆來者為妙若順水逆關雖有旺星臨穴發亦不久矣又論乾龍乾向水流乾乾峰出狀元夘山夘向卯源水驟富石崇比午山午向午來堂大將值邊疆坤山坤向水坤流富貴永無休此即用元空大卦山向兼收之法如六白運立戌山辰向双六到向即乾龍乾

向也向上有水即朝乾也又得向上有水水外有山峰即出狀元也如三碧運立卯山卯向三到向三到山若山上有山向上有水即卯山卯向卯源水驟富石崇比之局九紫運立午山子向双九到向若向上有水水外有山即午山午向午來堂大將值邊疆之局如二黑運立未山丑向二到山二到向是向上水水上有山即坤山坤向水坤流富貴永無休能識大卦天心之竅方能領畧四局之妙也

又能端木大鶴仙所說乾龍乾向之局必要立亥山已向收丁甲兩水收乾兌兩峰收甲水者乾納甲也

收兌峰丁水者因巳向也兌納丁巳丑也又言卯山卯向之局必要甲山庚向收亥未水者配坐下之震向上之庚納震亥未也又言午山午向之局必要立丙山壬向收於寅水離納壬寅者以丙屬離卦配寅午戌之局也又言坤山坤向之局必要立坤山艮向收乙丙水收乙水者合山上之坤納乙也收丙水者合向上之艮納丙也大鶴尊玉尺之法謂此四局無訛矣

論上元局排運訣

上元上局坎卦主事一白取一二三再加六八所謂

取得輔星成五吉是也論一六八即奇門中休生開故曰純吉即失運惟白中有煞方位有害遇北斗七星打刼之故也

上元中局二黑主事取二三四加六八兩星又得五黃更妙矣

上元下局三碧主事取三四五再加六八兩星矣

中元上局巽卦主事如四綠要取四五六再加一白又加八白所謂貪狼原是發來遲也

中元中局五黃主事奇門寄坤艮而比圖不寄似乎奇門不同矣此運再加五六七又加八一兩白更妙

要特忌二黑北斗七星打刼故也若得離宮相合二八兩星同旺於中五則富貴不替矣

中元下局乾卦主事取六七八而忌三四兩星又加一白則有救矣

下元上局兌卦七赤主事取七八九而忌三四兩星再加一白更妙脉取貪狼護正龍也

下元中局艮卦八白主事取八九一而忌二三四惟五黃亦吉五為中央土上通乎坤下通乎艮故也

下元下局離卦九紫主事取九一二則吉而五[全]吉不能矣然取一犹屬水水火既濟二則洩氣亦不為吉

三吉中又祇二吉況九紫之向往往双到向不能到山以九為一貞元大轉矣

論向運吉

一白運立子山午向一到向要向上有水又要二三兩方有水為三吉此是直達之法再加六八兩方有水即為五吉也取補救之法書云取得輔星成五吉又一六八即奇門之休生開故為純吉即失運亦不為害惟白中有煞害如水出乙未兩方即為白中之煞犯空位流冲之病所謂非斗打刼之法有破敗矣二黑運立未山丑向向上要水再加三四兩方有水

為五吉又用坐未一盤五黃到向故得與向上合十為三元不敗矣

三碧運立酉辛向三到向要向上有水又要四五兩方有水再加六八兩方有水為五吉之地

四綠運立戌向四到向向上有水又要五六有水再加八一兩方有水為五吉然一白貪狼已時退神須交一白運方始能出貴所謂貪狼原是發來遲也

五黃運立丑向五到向要向上有水又要六七兩方有水再加八一兩方有水為五吉所忌二方之水二方者坐上之坤位也非未位出水即犯北斗七星打

刼之病若得離宮相合二八兩星同旺於中宮則富貴不替矣離宮相合者須兼坤也然申方總不宜出水如若出水仍犯此病矣

六白運立辰向六到向要向上有水又要七八兩方有水而忌三四方有水名為退神又犯金尅木之病若一白方有水可救此病故為妙極也

七赤運乙卯正向七到向要向上有水又要七八兩方有水而忌三四方之水因金尅木之病若一白方有水可救三四之病矣所謂脉取貪狼護正龍也

八白運立未正向八到向向上有水又要九一兩方

有水而忌二三四方有水因木剋土之病惟五黃方有水則吉五為中央土上通乎坤下通乎艮故也九紫運立于癸正向九到向要向上有水又要一二兩方有水則三吉全美而五吉不能全取一者得水火既濟二則土洩火氣亦不能為吉三吉之中又止兩吉況九紫令星往往双到向不能到山以九一貞元大轉關矣

以上所論有水方位非地盤方位乃飛星之方位也

上元一白運用午丁正向須要午丁有水又要庚酉辛戌乾亥丑艮寅俱有水此為上吉地取一入中五

到向向上五是午陰逆挨二到向凡五入中正向矣、一白運內用丑向須要本向有水又要庚酉辛戌乾亥有水為中吉地此一入中四到向向上辰是陰逆行四入中宮逆挨一到向也、

一白運內立酉辛向須要本向有水又要戌乾亥有水亦為中吉地二入中三到向向上酉辛是陰逆挨三入中一到向凡局與向合十是正向也五入中局向對待最吉如一白運用九入中即是運向合十也、

二黑運內用丑為正向須要本向有水又要庚酉辛戌乾亥甲卯乙有水亦為全吉地此二入中五到向、

向上即丑丑是陰逆行五入中二到向也、

二黑運內、用庚向須要本向有水又要戌乾亥甲卯乙坤有水為中吉地、此二入中四到向、向上四即辰陰逆行四入中宮是二到向也、

二黑運內立乾向須要本向有水又要辰巽巳申卯乙坤有水亦為中吉地此二入中三到向向上三即卯陰逆行三入中二到向也、

二黑運內以八入中宮運與向合十然坤本如二再加天盤二加於二上是伏吟不吉故向不立宜立丙向吉書云辰戌丑未地元龍甲庚壬丙為正向是也、

三碧運內用酉辛正向須要本向有水又要戌乾亥甲卯乙有水為上吉之地取向局對待大吉故為正向三入中五到向酉辛陰逆行五入中三到向也、

三碧運內用戌向須要本向有水又要辰巽巳申卯乙未坤申有水為中吉地、此三入中四到向四即辰陰逆行四入中宮三到向也、

三碧運內立辰向須要本向有水又要甲卯乙坤申有水亦為中吉地三入中二到向二即未陰逆行二入中三到向若用午丁向運與向合十最吉地。

四綠運內用戌山為正向須要本向有水又要辰巽

巳甲卯乙未坤申有水此為上吉之地以四入中五到向五即戊陰逆行五入中四到向也

四綠運內用巳向須要本向有水又要甲卯乙未坤申壬子癸有水為中吉地此四入中三到向三即乙逆行三入中四到向也

四綠運內用五入中立戊向向與局對待大吉書曰巳丙宜向天門上亥壬向得巽風吹若立壬丙向則犯陰陽羞錯卦氣雜亂之病若用兼壬丙亦不宜矣

五黃運內用辰向須要本向有水又要甲卯乙未坤申壬子癸有水為中吉地此五入中四到向四即辰

陰逆行四入中五到向也

五黃運內用丑向須要本向有水又要酉戌辰有水亦吉此五入中八到向八即丑是陰逆行八入中五到向也

五黃運內用未向須要本向有水又要子午艮有水亦吉此五入中二到向二即未是陰逆行二入中五到向也

五黃運內用戌向須要本向有水又要辰巽巳甲卯乙未坤申有水若只有辰戌未之水是五黃格三元不敗之地也此五入中六到向六即戌陰逆行六入

中五到向也

六白運內用辰向須要本向有水又要甲卯乙未坤申壬子癸有水此為上吉之地此六入中五到向五即辰陰逆行五入中六到向也

六白運內用甲向須要本向有水又要未坤申壬子癸有水為中吉地此六入中四到向四即辰陰逆行四入中六到向也

六白運內用坤申向須要本向有水又要壬子癸丙午丁丑艮寅有水為中吉地此六入中三到向三即卯陰逆行三入中六到向也

六白運內用辰向局運對待合十之妙亥壬向得巽風吹之局亦為大吉地也

七赤運內用卯乙向得本向有水又要丙午丁未坤申壬子癸有水辰巽巳有水為大吉地向上七是陰水山上三是陽山此對待之局也七入中五到向五即卯乙皆陰逆行五入中七到向山上是九九即午丁皆陰逆行九入中七到向也

七赤運內用卯向局與向對待合十五癸向運與向合十辰向向上七陰水戌山山上五陰山艮向向上七陰水卯山山上二陽山是也

八白運內用未正向須要本向有水又要壬子癸丙午丁丑艮寅有水為上吉之地八加坤反吟不忌八入中五到向五即未陰逆行五入中八到向也

八白運內用子向須要本向有水又要丙午丁丑艮寅庚酉辛有水為中吉地八要立壬向如立艮向為伏吟當忌用艮向四入中八到向也

八白運內用午丁向須要本向有水又要丑艮寅庚酉辛戌乾亥有水為中吉之地午丁向是下元用下元向不忌故云中吉八入中三到向三即卯乙陰逆行三入中八到向八運內不立乾向九入中宮也

九紫運內用子癸正向須要本向有水又要丙午丁丑艮寅庚酉辛有水為上吉之地以九入中五到向五即子癸陰逆行五入中九到向也

九紫運內用丙向須要本向有水又要丑艮寅庚酉辛戌乾亥有水為中吉之地此九入中四到向四即辰陰逆行四入中九到向也

九紫運內用庚向須要本向有水又要戌乾亥有水為中吉地此九入中二到向二即未陰逆行二入中九到向亦云用寅向未為妥連子癸向共箇向矣有云九運用丙向是犯伏吟之象應忌庚向不妙具二

入中矣

共九圖計正卦一百零八局

以上硃圈者仲山所取之向也

北斗七星打劫

貪巨祿巨祿文祿文廉文廉武廉武破武破輔破輔弼輔弼貪弼貪巨貪巨祿起家聲巨祿文富而淫祿文廉出瘟癀文廉武凶交福廉武破絕門戶武破輔長貧苦破輔弼出兵卒輔弼貪有朝官弼貪巨貴而富趨三訣論運會避五法在八卦論九星在元運陰為體陽為應星若吉福期盛星若凶福亦輕打劫法在向首論向配辦交媾有對待論來去楊曾後惟有賴蔣傳姜姜傳張張抱道不輕言姚得之大江口歲乙卯傳斯篇毋妄讀慎天譴

秘傳啞兜經

北斗七星打刼之法

位列九星方分三八
法本參天道通河洛
配合陰陽挽回造化
元空妙訣妄傳不錄

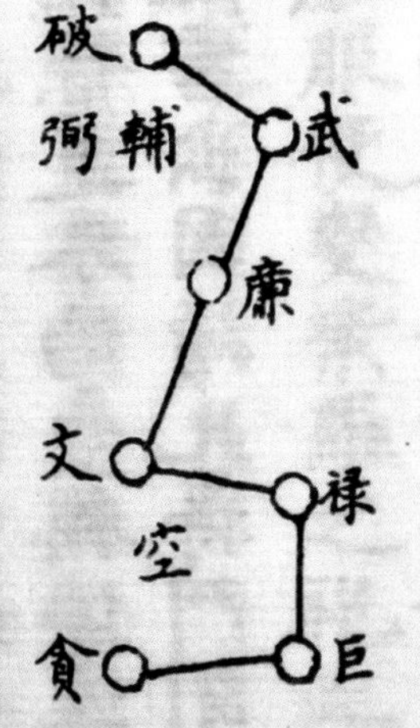

挨星法

三字經口口傳惟此文貪巨祿文曲尊巨祿文廉武星祿文廉武破軍文廉武破輔真廉武破輔弼臣武破輔弼復生遇廉貞正配成貪狼氣起家聲廉武破輔弼生巨祿文吉凶神破祿文是惡星四維朝太極

明武破輔弼曰君破輔弼貪之臣輔弼貪廉巨門弼
貪巨到祿存貪巨祿文弼星坎離叔二炁成此北斗
大翻身楊曾訣冷祖明無極一楊蔣二姜垚三右雷
四至赤電第五人論極世八卦成七政序尊師命續
成譜此口訣須切記安親君應科第第六傳中幹氣
統百年當順世各列名排妙訣相繼傳真成輩若委
讀違上帝立誓章如霹靂無譜係道未的口稱傳道
害世辨正明親口訣看來年亂書出因續此蔣門閉
咨爾等當慎秘非誠實莫輕洩
先生傳訣之後柏棠哥曰滔滔天下無非盲瞽喜

得令有後美此挨星之學乃通天徹地之大道改移天運賴濟沛離能得青藍服使變紫羅之袍此乃北斗七星打刧大尊大貴之作用

挨星訣者天地所秘有人曉得挨星訣朝是凡夫暮是仙能盡此用造化在掌握古人傳書不傳訣恐於天譴也予留作傳家之寶

山向要訣

甲庚壬丙辰戌丑未宜單山單向兼左兼右為陽差為陰差餘可兼用惟丑未山向務要配合甲庚壬丙之水不然要尼姑因未方有釋星對照故也

乾山巽向喜子巽坤卯水忌乾艮午酉水乃中元六白當令

乾神生動喜乾穴要在六白之當時喜坎水以貽

身宜震巽以朝堂離火疊照必出不孝之兌水重

疊對照兌金入午定主死亡之非酉水流入南方

兼要訣曆所為一六同宗是也

巽山乾向喜乾戌午艮水忌申子辰水乃中元五黃當令

兌山卯向喜坤卯子水忌乾艮午酉水乃下元七赤當令

艮山坤向喜子午坤水忌乾艮午酉水乃下元八白當令

午山子向喜坤巽子水忌乾艮午酉水乃下元九紫當令

啞兜經

坎局　天蓬星主事

坎山一局離方水大旺天元人莫測丙莫開陽孟忌發運逢三碧亦堪誇天元之下憂傷長午若開時秀亦昌次男婦女共聯芳午丁双開穴立發癸山丁向兼午三其水若流乙辰去二三兩運當發次長房財散人離困去水見白無關應如不見白財亦旺女多男少丁未旺二黑開張大漾流流通堂前定有憂丁財二字一朝休天元旺局逢人元財丁二說定難全紫氣來交固堪珍陶朱之富是其人

坤局　天芮星主事

天中一局當看水丑艮寅來吉莫及大發財丁何容說癸水若來艮聚洋富貴立至事安祥戊子之年橫財得碧方有池為木氣木氣司天來剋土獨恨丁衰弄瓦多多如作艮向房房富壬山丙向怕卯辰卯辰之年長損丁丙山壬向忌卯辰卯辰之年次傷丁艮山坤向畏天下天下運中當大敗大敗須在丁未年丁財兩盡不堪言

震局　天冲星主事

天下一局水當來庚酉辛未事事優天上已經得生氣水向申庚長次宜黑水現白名雀腦人元之運局

旺好天上運中必無丁辛水一照次丁興丁興有喜倉箱盈面前有水曲如龍科甲當興忌雀坟雀坟一見便形凶水龍停蓄應發甲乾上須有一濱捶運達地上還要發庚向怕交人下元人下運中退氣臨長兜必然遭衰損辛酉相交天地運時稱大旺進財丁穴進若有三百步萬年不發必荒坟來水長大進亦發曲水有情須近界如不情眞曰雀腦小房弱症餘俱丁

巽局　天輔星主事

地上一局戌乾亥三水朝堂福自來辛入乾宮宜地

上還(中)水氣司天旺名為祿馬御街藏乾向必須亥水當富貴双全理正旺亥向如逢乾水朝得運丁財貴未邀亥向乾戌水朝拱即是催官祿格中丁財秀宜辛戌向乾水到頭丁為昌巽方巳水遠照穴運逢地丁春富貴艮水到堂來現白天下逢之富且貴有人覓得塋双親三元不敗是真穴

中五黃局　天禽星主事

五黃一局本無方斷法當依二八詳前半卻與坤氣合後半當與八白旺三碧宮辰名破煞見之必定有奇殃四綠局神憂不福乾宮六白當爭旺七赤坐山

當積粟是向有水財未旺坤艮兩處有長流此運如逢財可求九紫水照名生入無丁遇此不憂絕坎山坎向俱不利後有壬癸何足取此如楊曾真妙訣元空生尅人莫測勸君得此宜珍藏莫向人前輕浪説

乾　局　天心星主事

地下一局巽要來乾水近堂別有裁必須辰巽巳水去合聚堂前地下高乾近巽遠宜地上陰陽二宅卦江東江東一卦天上愛大脫真氣在天下天下運內敗如灰孤男寡女信堪推地上運取巳丙水壬（干）子萬孫真可悅生氣初至將巽水好斷地中大富貴乙水

既收巽辰聚科甲綿綿財亦繼由巽而去主清貴若逢甲卯乙辰回四水相通總有别若逢六七八元運大發財丁貴可得

兌　局　天祿星主事

人上水宜甲卯乙江西一卦人元最六七八運當大發腰金衣紫占奎甲更伏辛龍氣亦真人元運中水來辛辛未生入富貴真取其元旺氣如春甲卯乙水來臨穴乃是江西真七赤九紫運中大脫氣一二三四真氣失絶(敗)無餘不堪説若要此地得安甯運交地中要始稱地下三元又要悲坤宮有水來照穴本運

生數當大吉丑艮寅水斜摏迫斜摏亦許發丁財若發秀時未可必

艮　局　天任星主事

人中水宜未坤申八九二元富貴真湖地平洋水天目敢云富貴發大族俱是江西一卦推天下土運木來尅木來尅土為死氣迫至天上運本非孤男寡女財難繼更出無耻被人欺地中黃氣是幫元發福之機聊可轉更得丙午丁方水便是相生不為絕如得丁向坤水曲坤水曲曲有朝堂流出辰方科甲香此等佳水何處有勸君細覓好平洋

離局　天英星主事

人下水許壬子癸方從申來與子合辰方救白已流去本運財丁旺無比一到天上氣自失天中運內孤寡出丁財兩敗信難留天下運中方有救救水須要戌乾亥照穴方有丁財來此由木氣來生火如交地中運江西氣旺六七八九宜人能默喻此元機遞嬗相生福不已此是筠松真秘訣父子雖親不肯說若人遇得是前緣天下橫行陸地仙

先天乾後天離　先天艮後天乾　乾離震艮艮乾

先天離後天震　先天震後天艮　離震後五

先天坤後天坎　先天巽後天坤　坎兌兌巽巽坤
先天兌後天巽　先天坎後天兌　坤坎　前五
用此方水作主即起貪狼二挨去經云順逆排來
各不同天卦在其中若水在左一字入首者於貪
狼在左挨去經云甲庚壬丙俱屬陽順推五行詳
若水從右一字入首者貪狼在右挨去經云乙辛
丁癸俱屬陰逆推五行論是也八卦挨星真訣至
奧至秘秘奧無窮不可輕泄玄機寶之慎之未易
通曉也必用玄空大卦三奇之山水配合陽陰之
理亦能發富貴矣

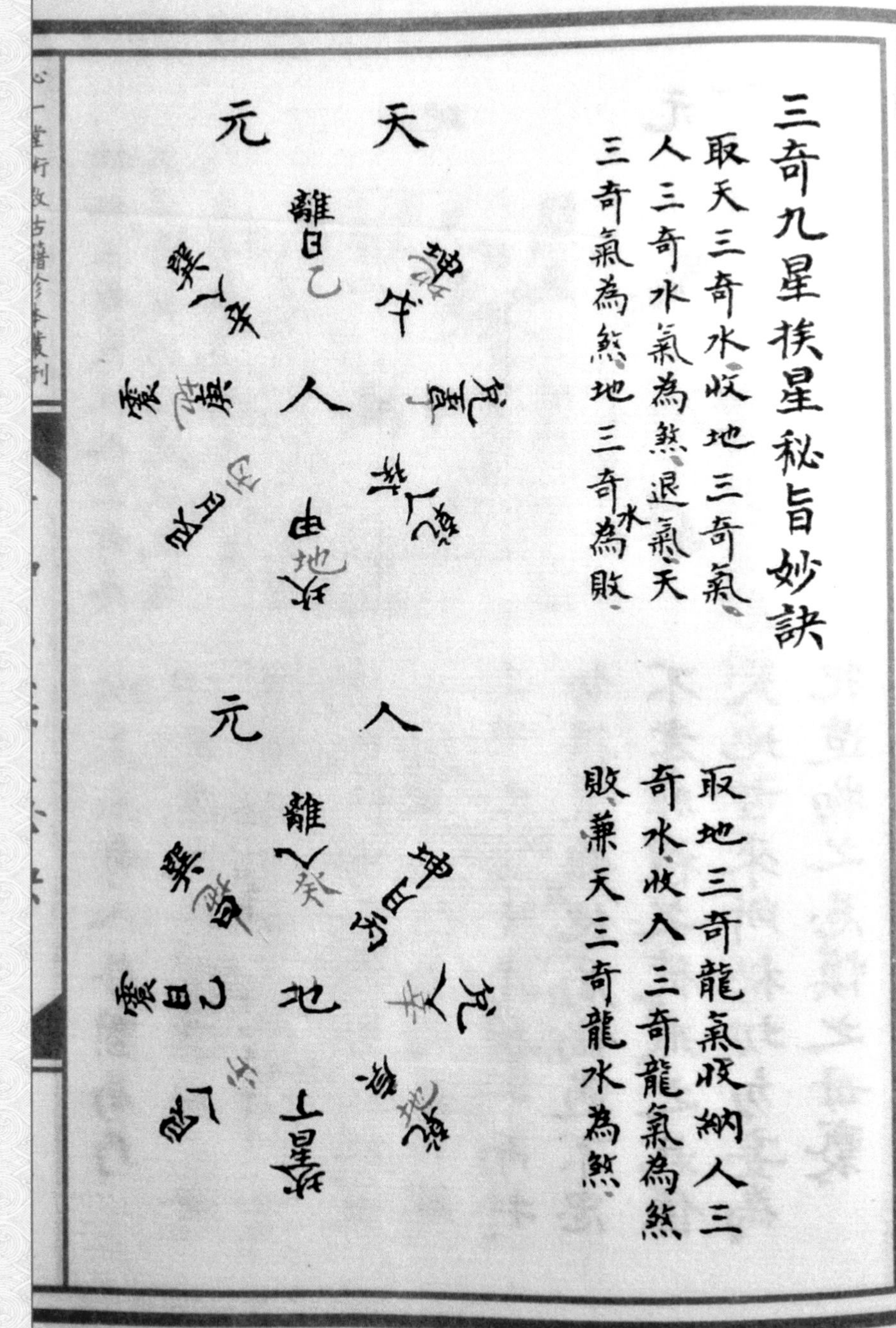

三奇九星挨星秘旨妙訣

取天三奇水收地三奇氣人三奇水氣為煞退氣天三奇氣為煞地三奇水為敗

取地三奇龍氣收納人三奇水收入三奇龍氣為煞敗兼天三奇龍水為煞

納地三奇氣收人三奇水天三奇龍水為退敗之煞人三奇龍亦敗

地元

離
庚
坤乙
兌甲
乾己乙
坎人
艮丙
震人
巽人
月

以上三奇八卦圖局乃冲元道人手授囑曰三奇清貴之地如遇有德行忠孝之人誠求懇切可扦此地如中人以上心正行端者可在三十局擇一而扦勿得混雜他局倘遇不忠不孝非禮之徒戒之此係天地古來所秘切勿妄為犯造物之忌慎之毋褻

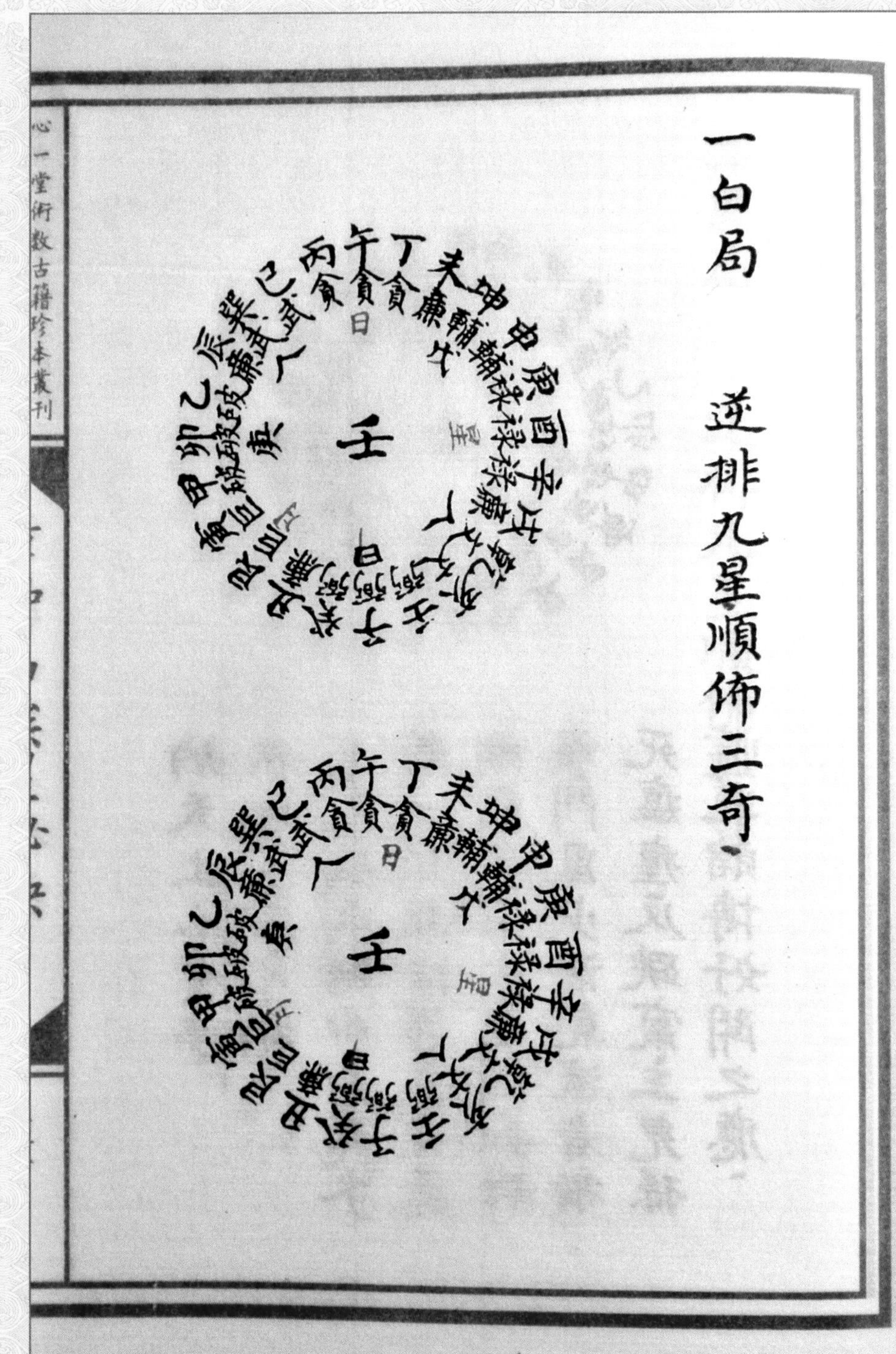

一白局　逆排九星順佈三奇、

納天上三奇水、收地下三奇氣、忌文破武輔四凶煞水、若一拱照洋洋立見退敗死喪官火之禍如斜飛門風少潔乾流者橫死瘟瘽反跳竄主兒孫悖逆賭博好鬪之應、

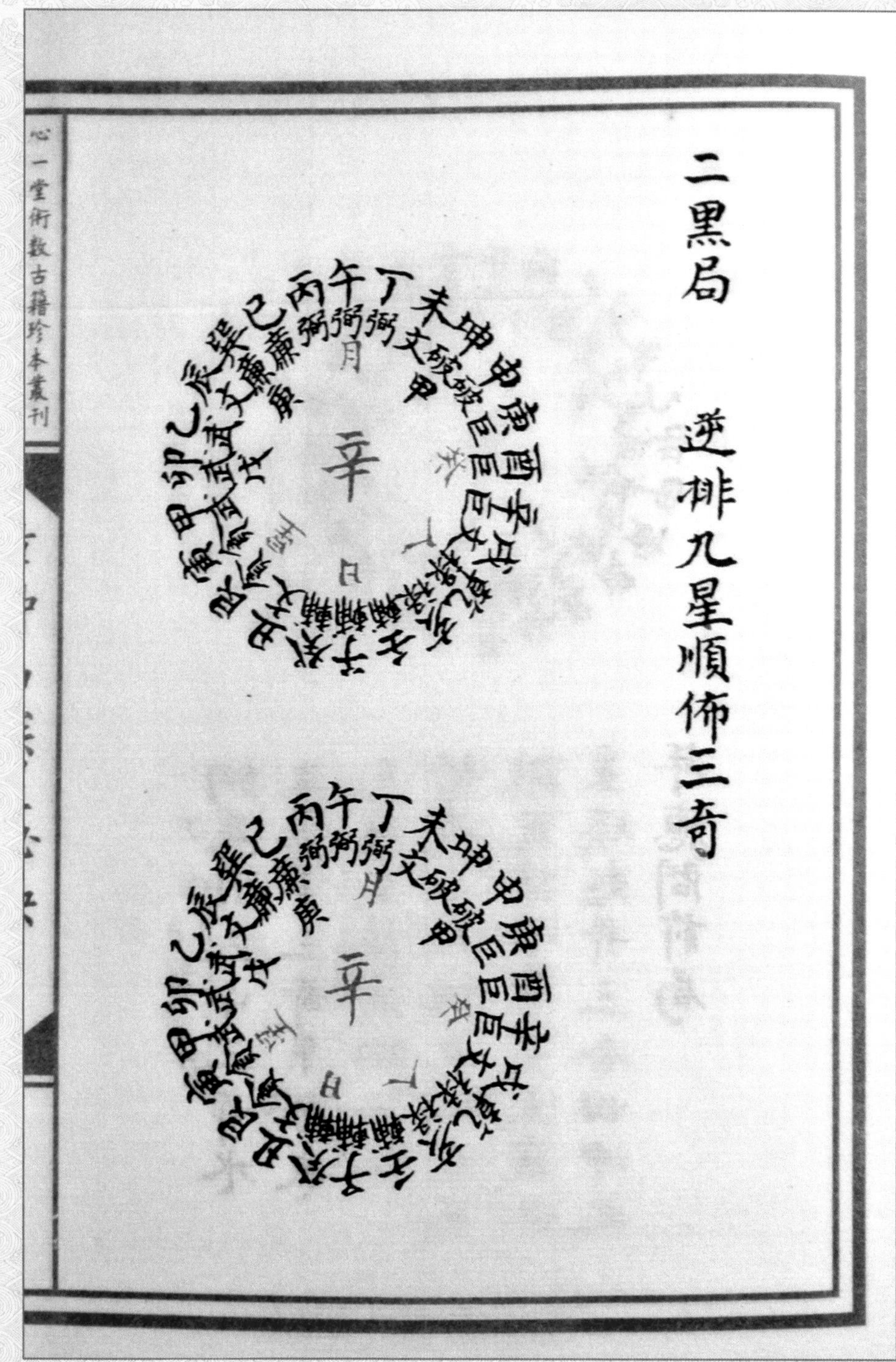
心一堂術數古籍珍本叢刊
二黑局　逆排九星順佈三奇
辛
辛

納星月人中三奇水
收地下三奇兼輔氣
忌破文廉武四凶水
若遇凶人拱照斜飛反
跳乾流等煞交太歲凶
星填起并三合四冲之
年應悶前局

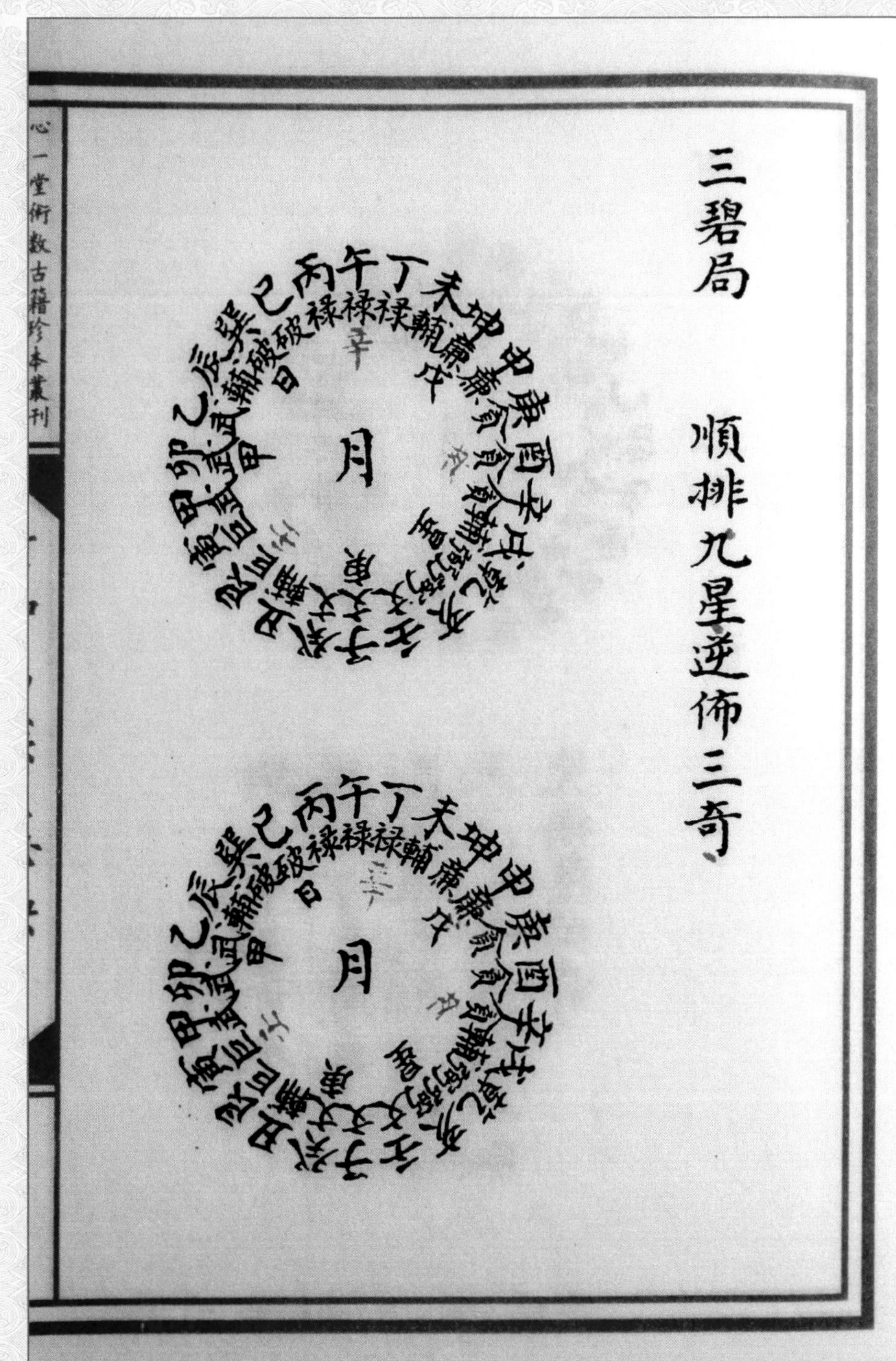

三碧局　順排九星逆佈三奇

納人中三奇水、

收地下三奇氣、

忌文廉武輔四凶水、

天上三奇水為煞敗、

災禍應同前、

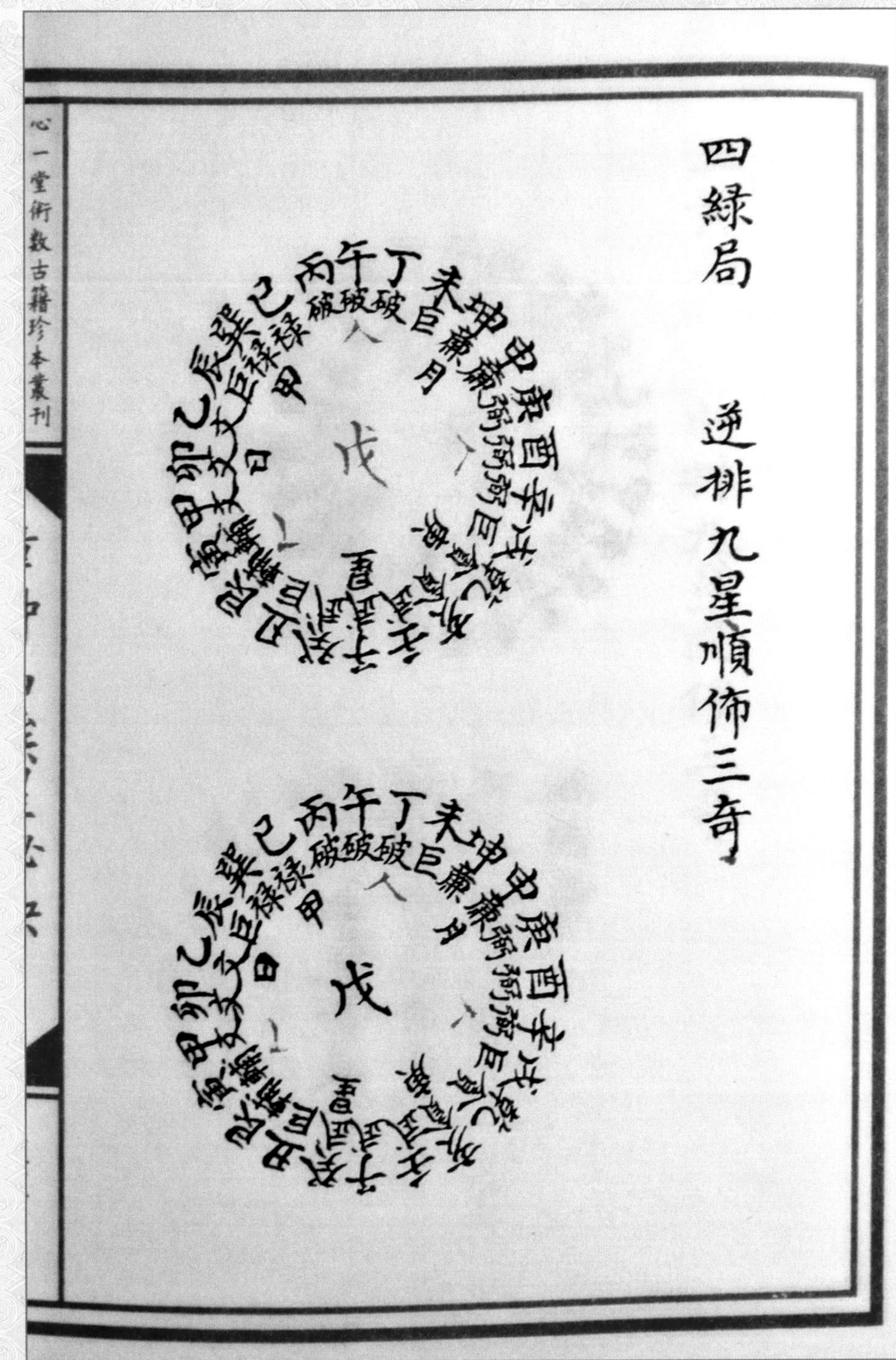
心一堂術數古籍珍本叢刊
四緑局
逆排九星順佈三奇

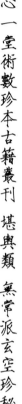

納人中三奇水
收地下三奇氣
忌文廉武凶水
斷同前

五黃局　順排九星逆佈三奇

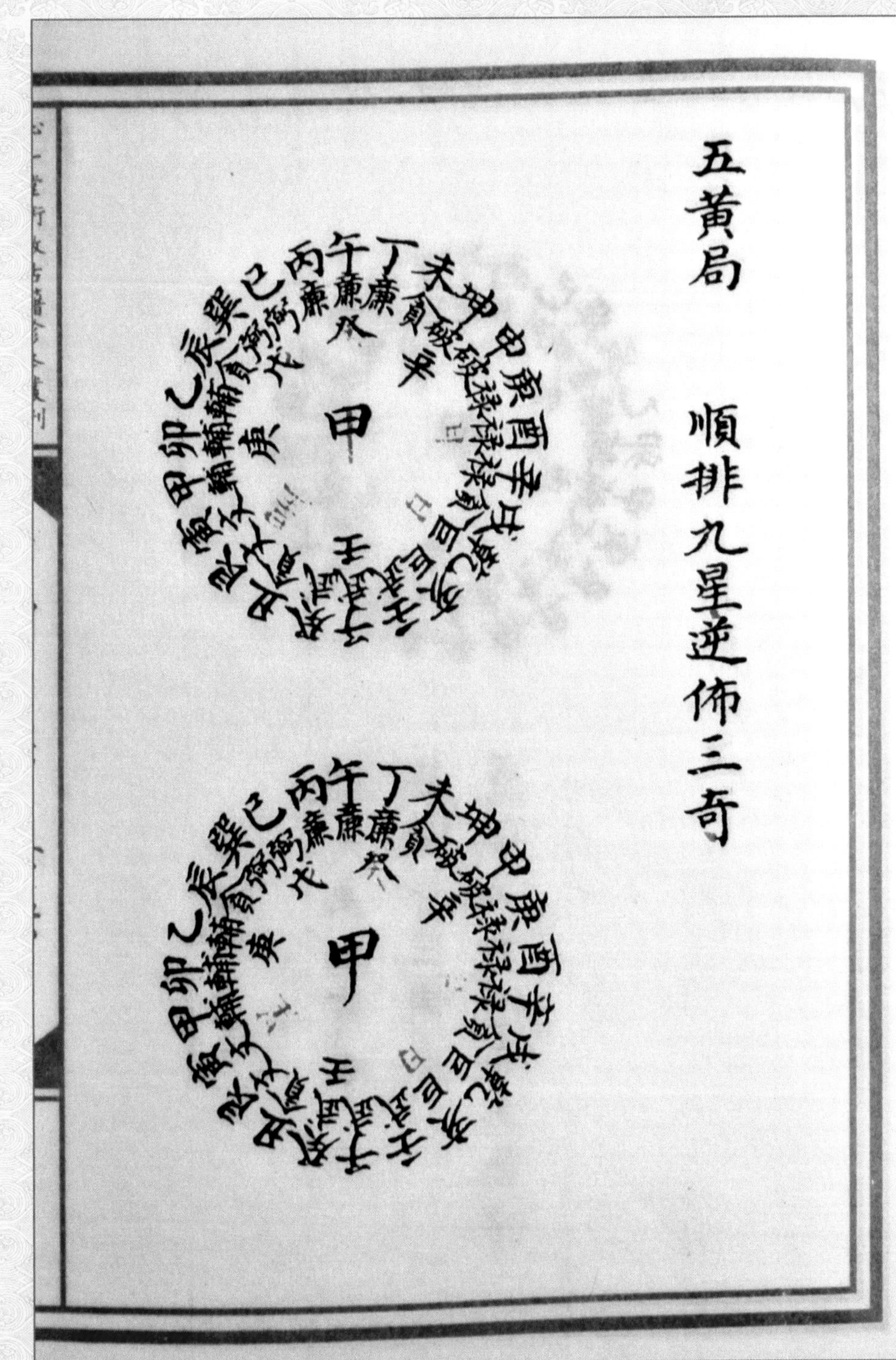

甲

納天上三奇水

收地下三奇氣

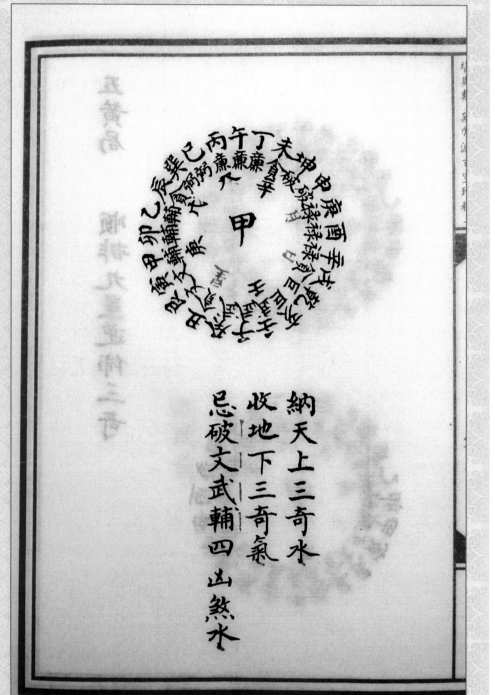

忌破文武輔四凶煞水

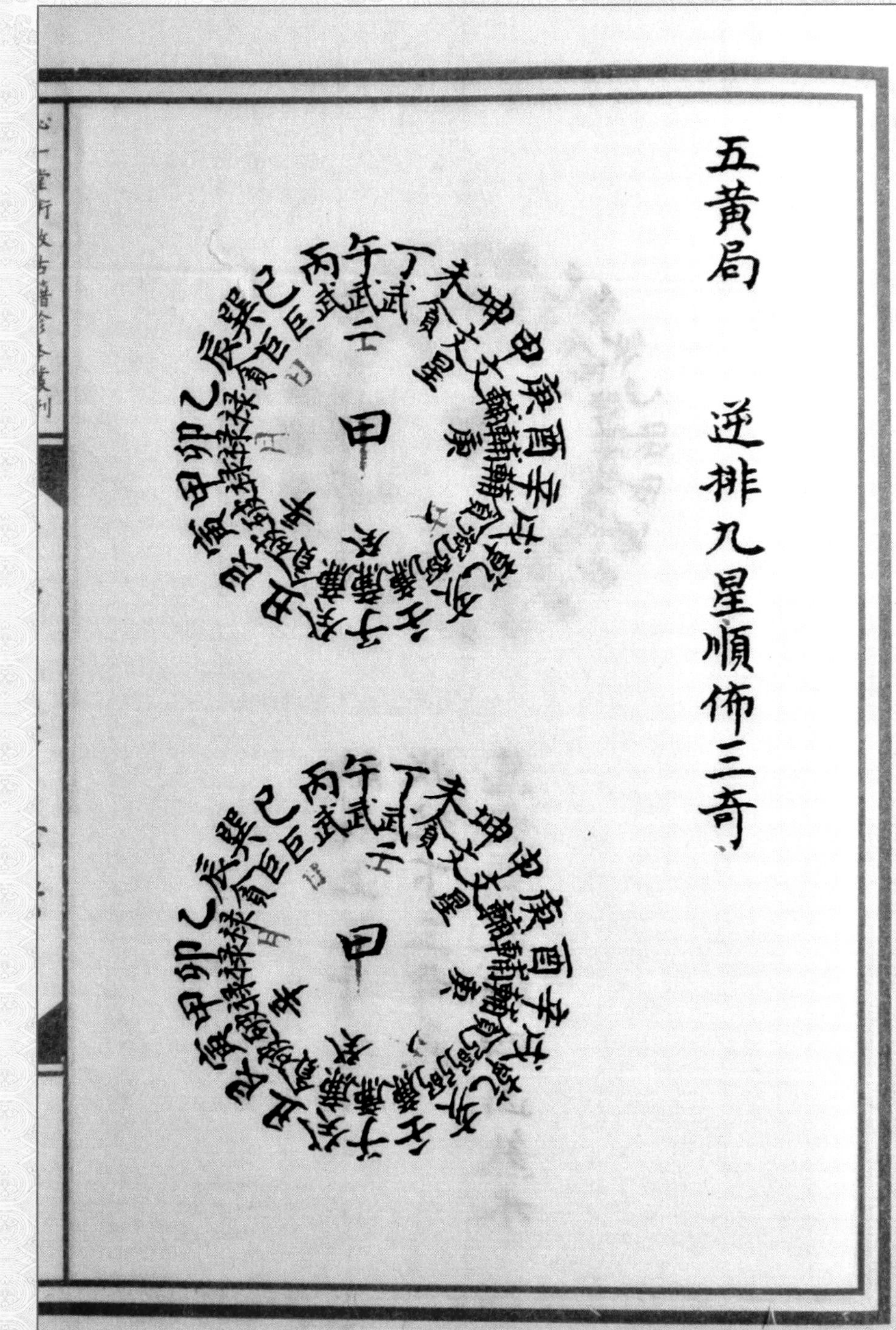

五黃局　逆排九星順佈三奇

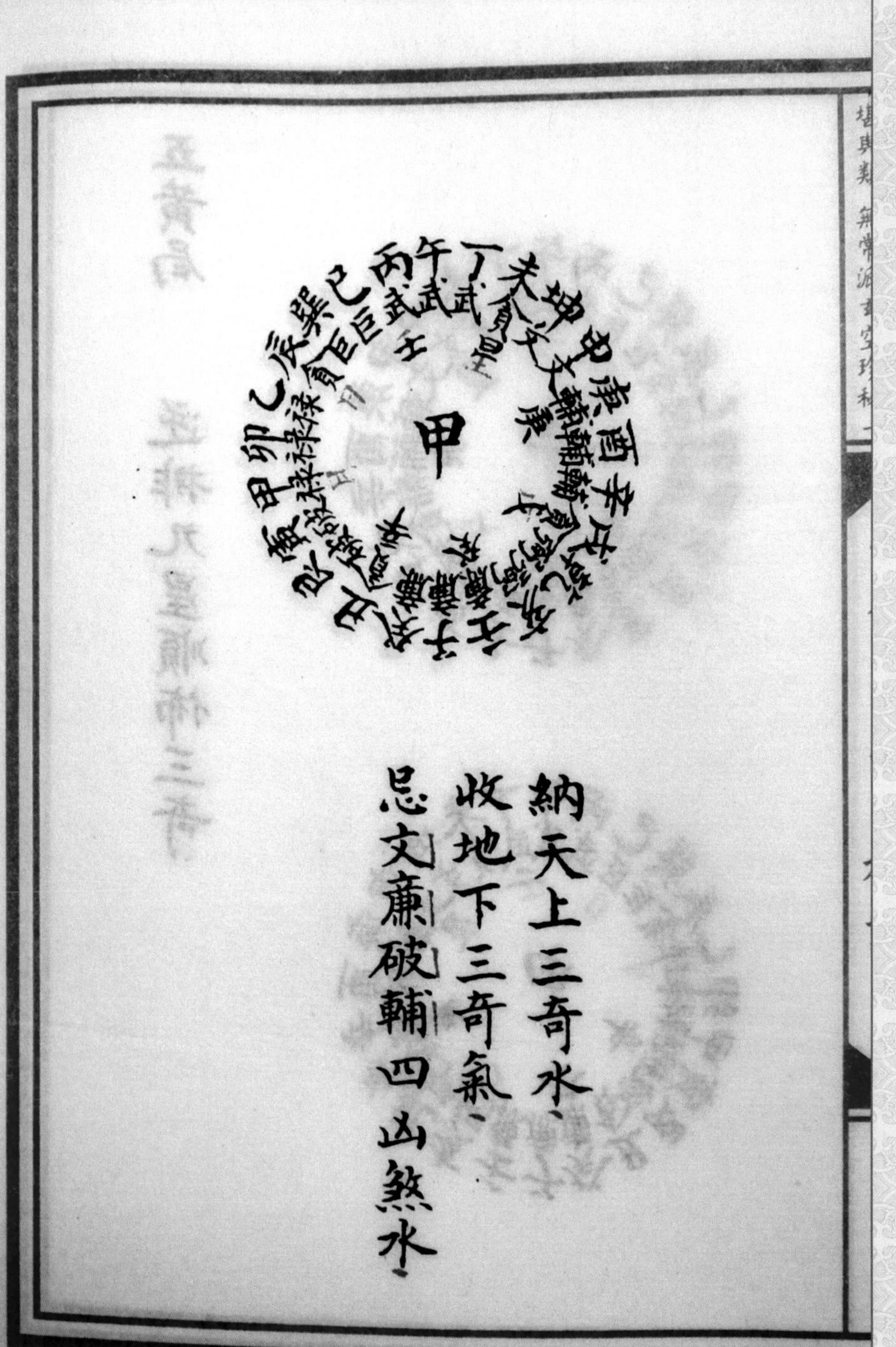

納天上三奇水、
收地下三奇氣、
忌文廉破輔四凶煞水

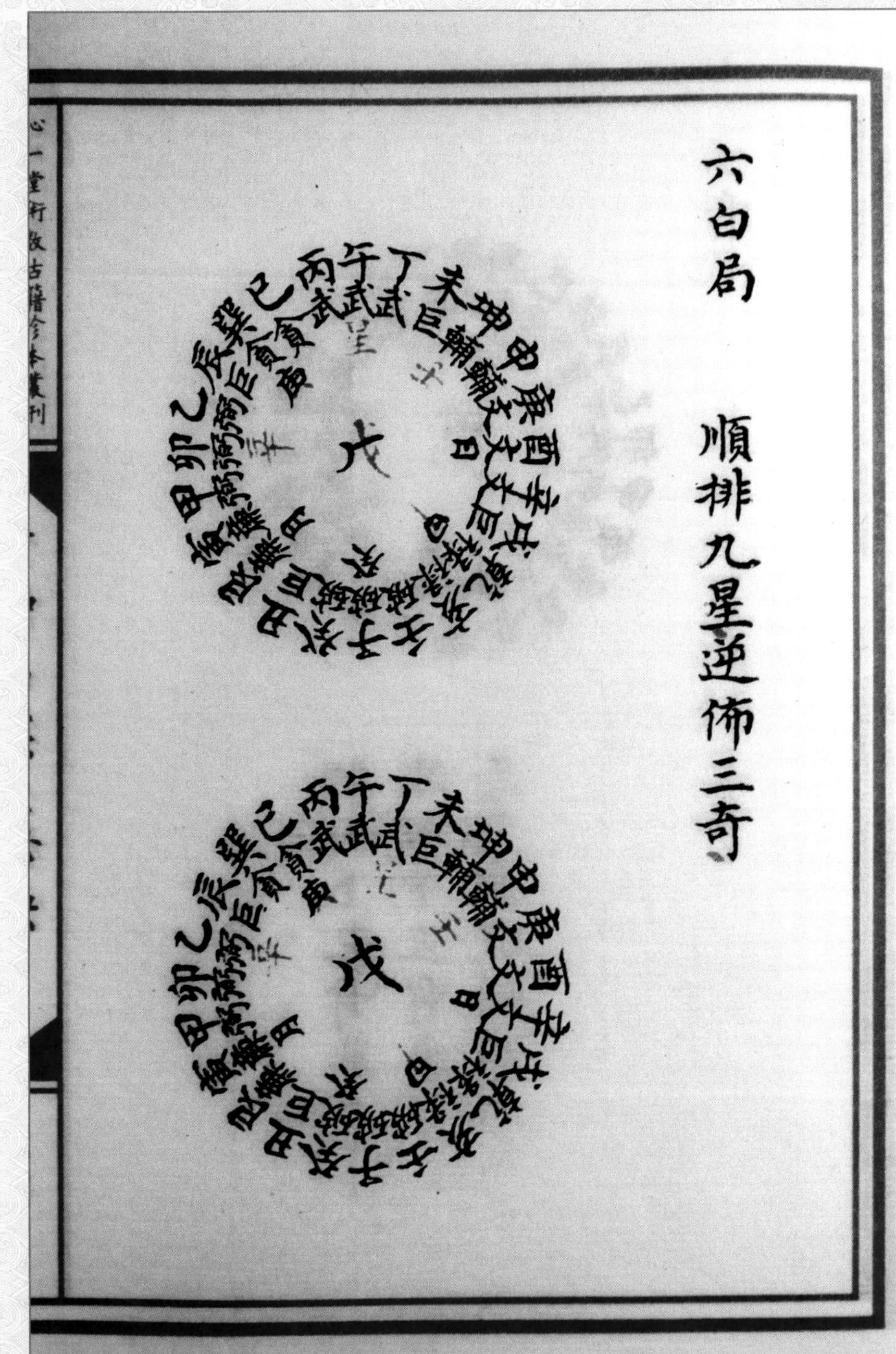
六白局　順排九星逆佈三奇
心一堂術數古籍珍本叢刊

納地下三奇氣互水
補人中三奇水
忌文廉破凶煞水

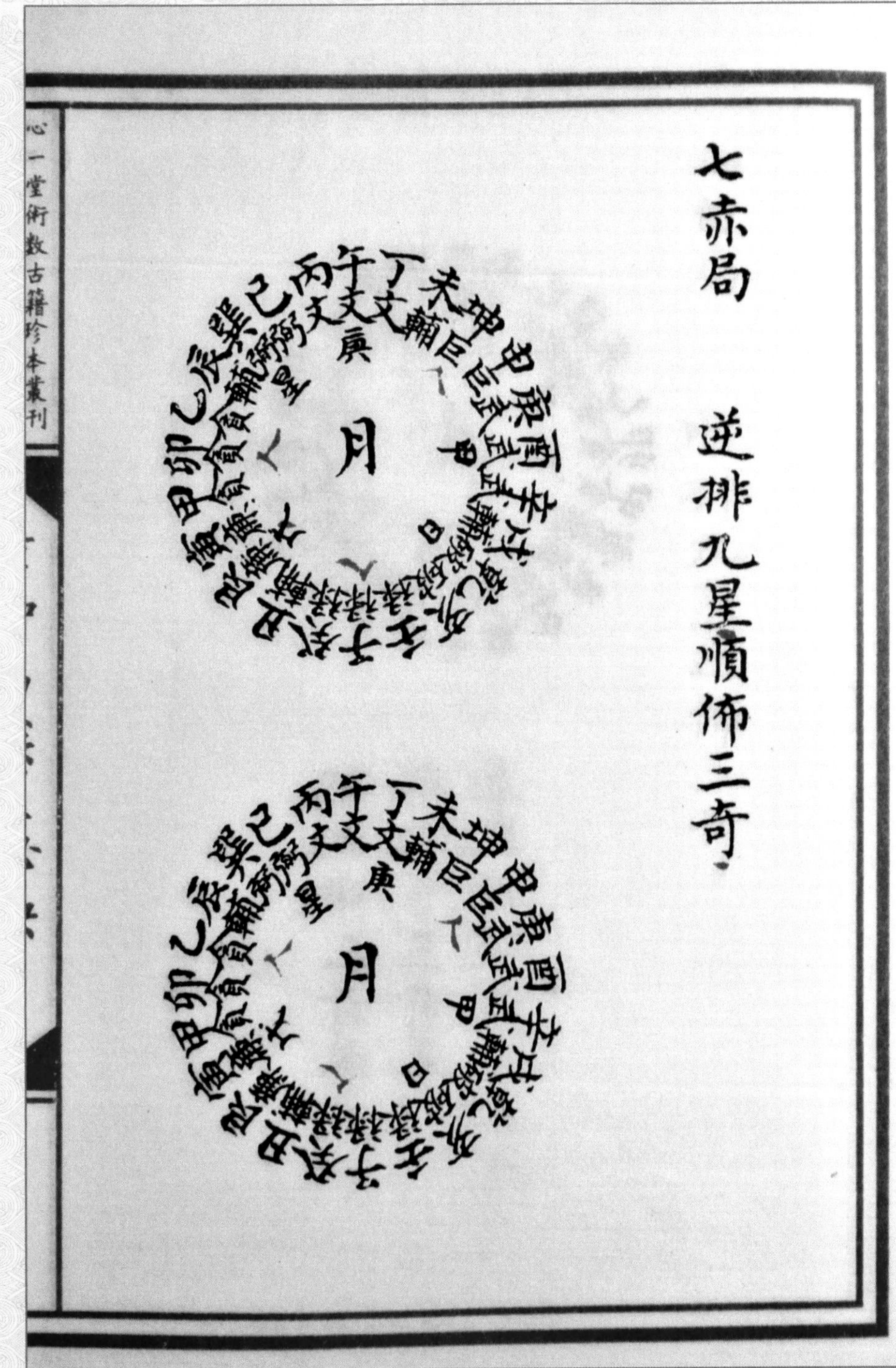

七赤局　逆排九星順佈三奇

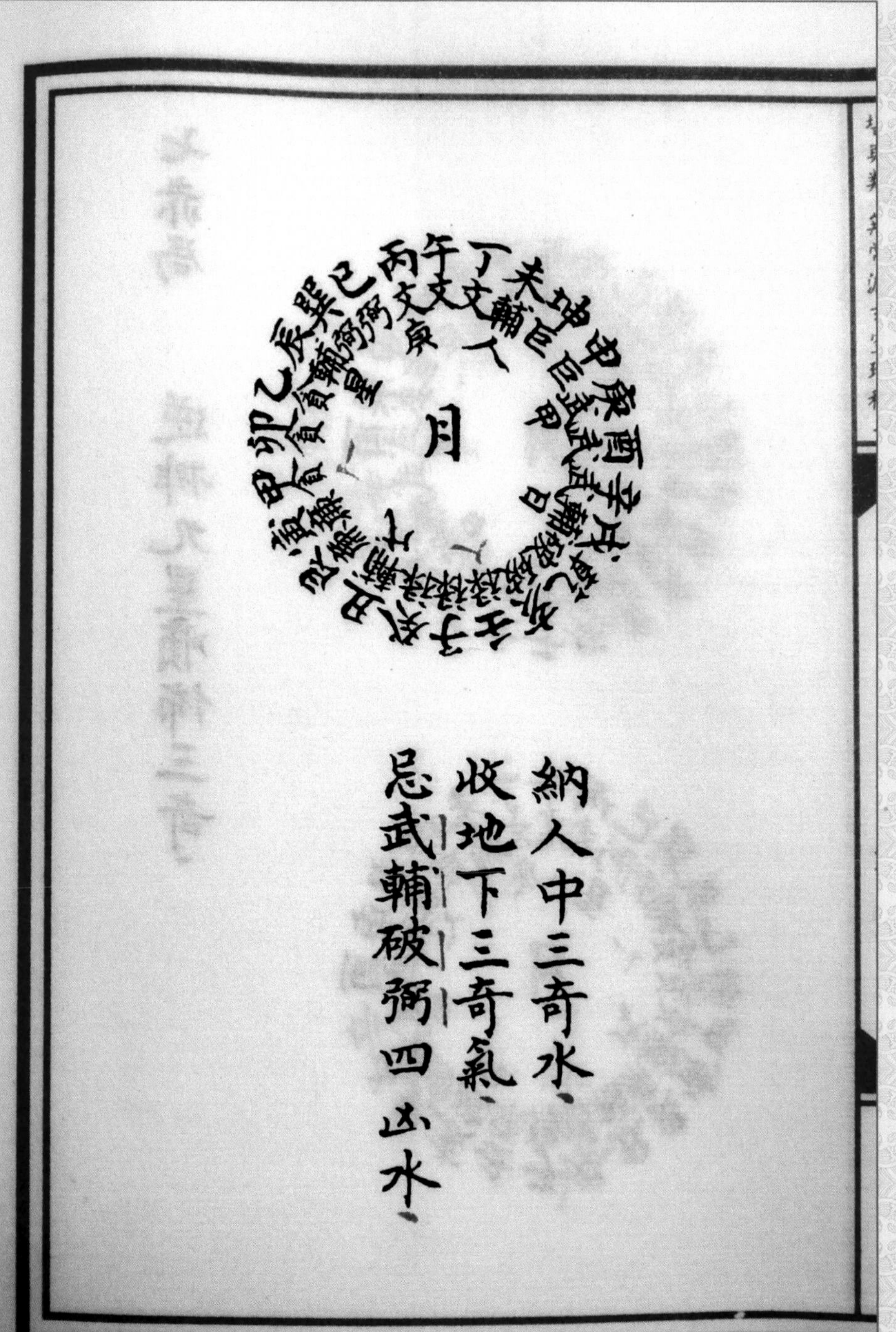

納人中三奇水

收地下三奇氣

忌武輔破弼四凶水

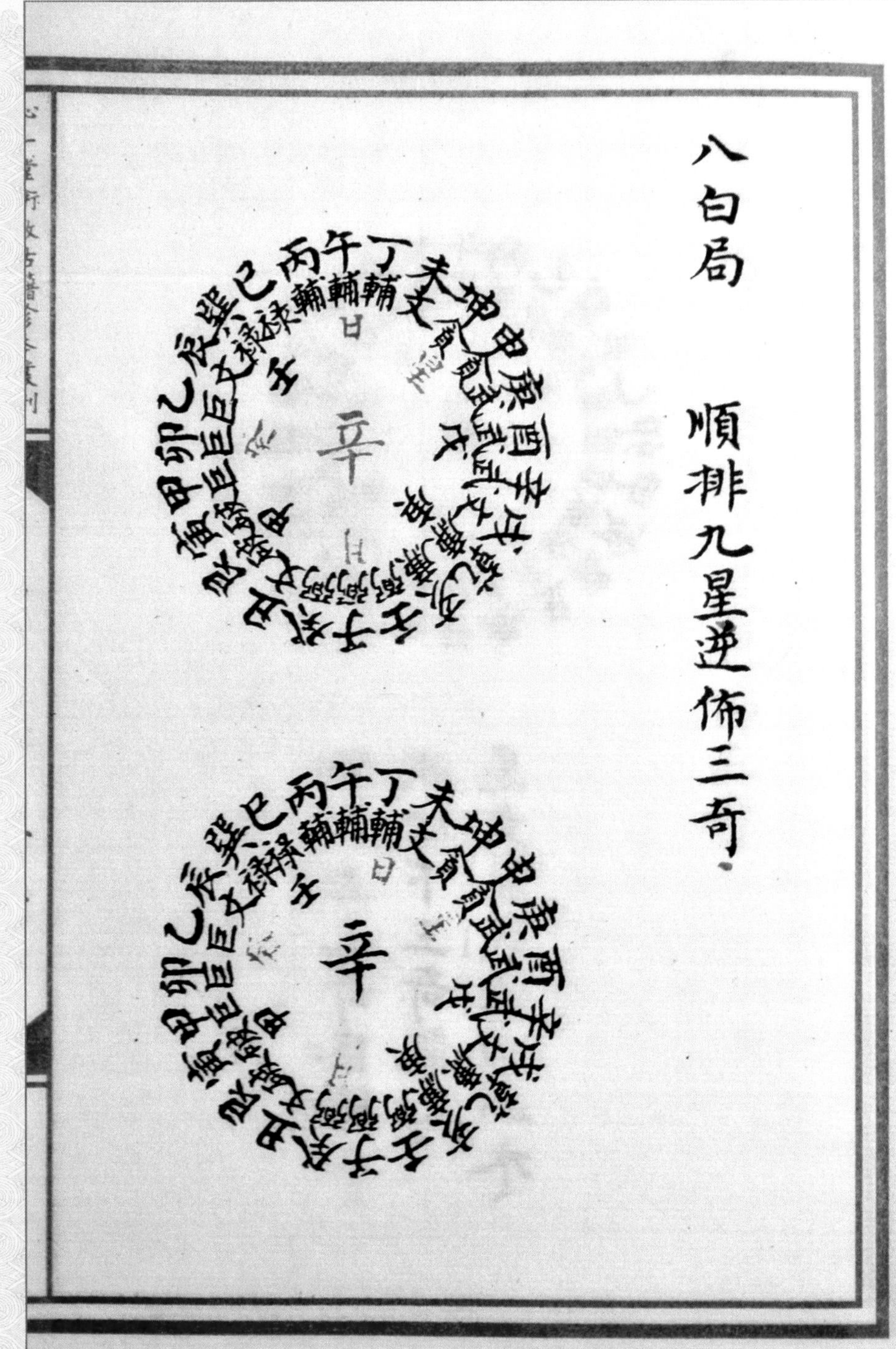
八白局　順排九星逆佈三奇

納天上三奇巨輔水。
收地下三奇龍氣。
忌文廉武破四凶水。

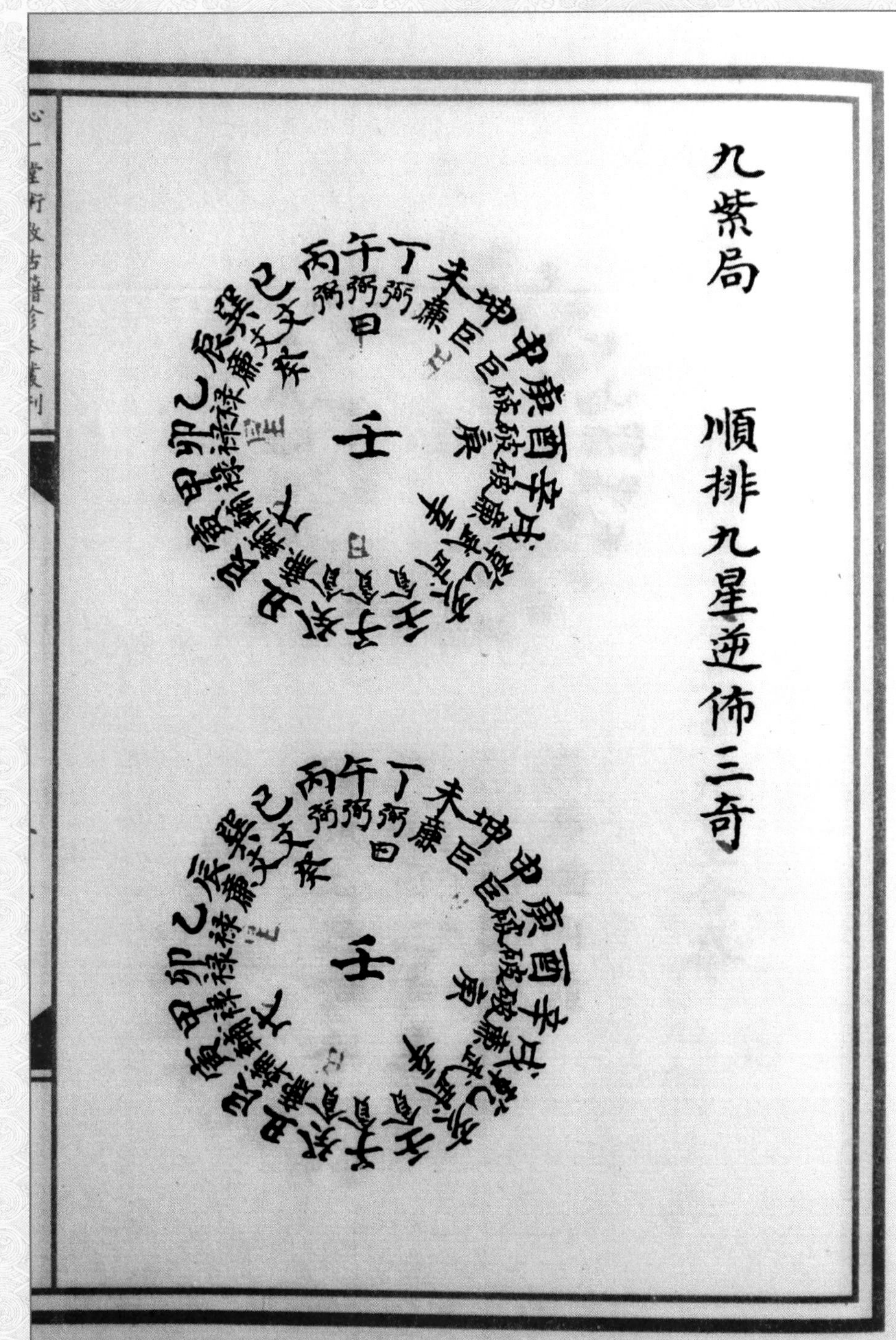
九紫局　順排九星逆佈三奇
壬
壬

納天上三奇水
收地下三奇氣
忌文廉武凶水
為煞斷同前

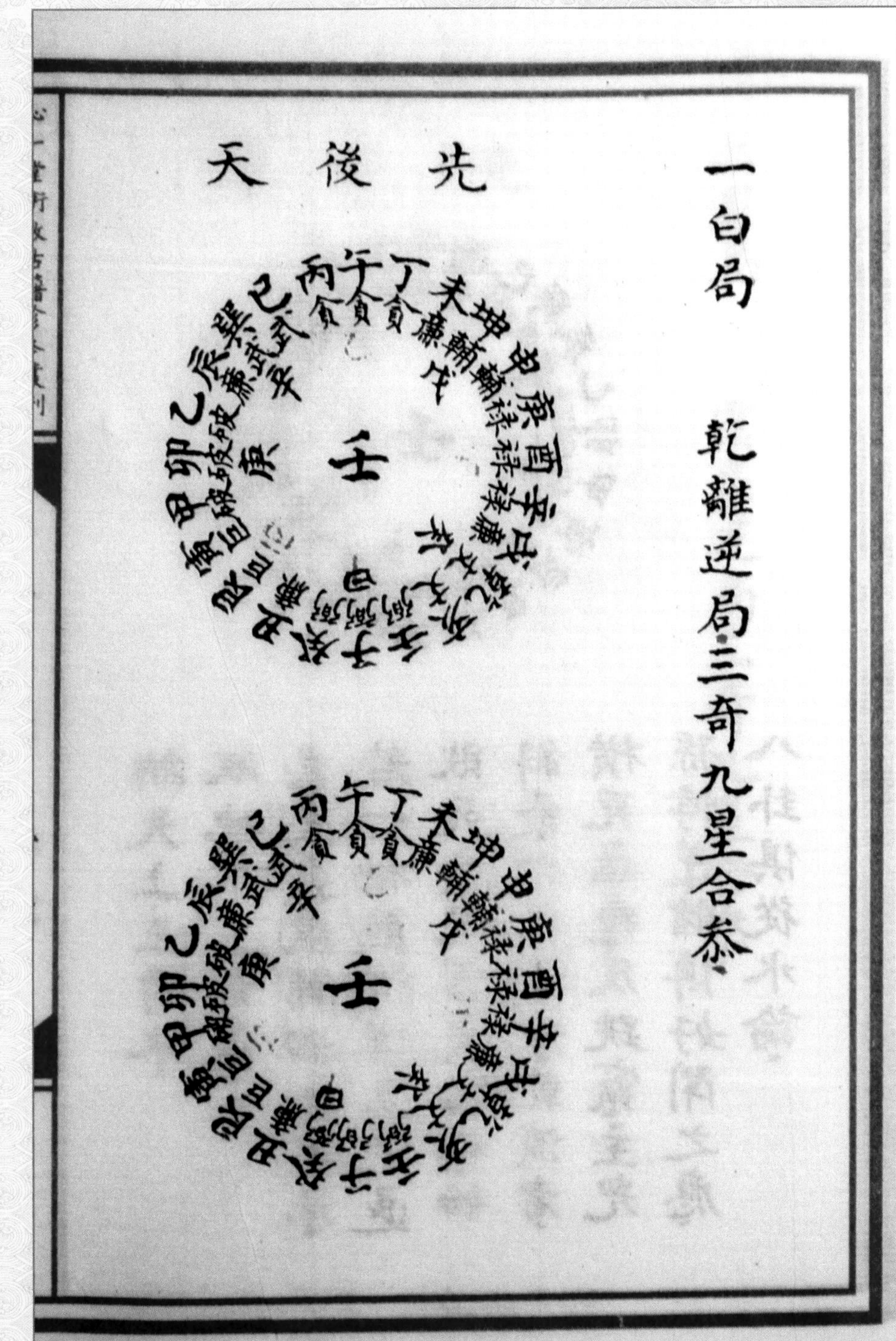
一白局　乾離逆局三奇九星合參
先後天
壬
壬

堪輿類　無常派玄空珍秘　一

納天上三奇水
收地下三奇氣
忌文武破輔四凶煞水
若一拱照洋洋立見退
敗死喪犯官火之禍如
斜飛門風少潔乾流者
橫死瘟癀反跳竄主兒
孫悖逆賭博好鬧之應
八卦俱從水論

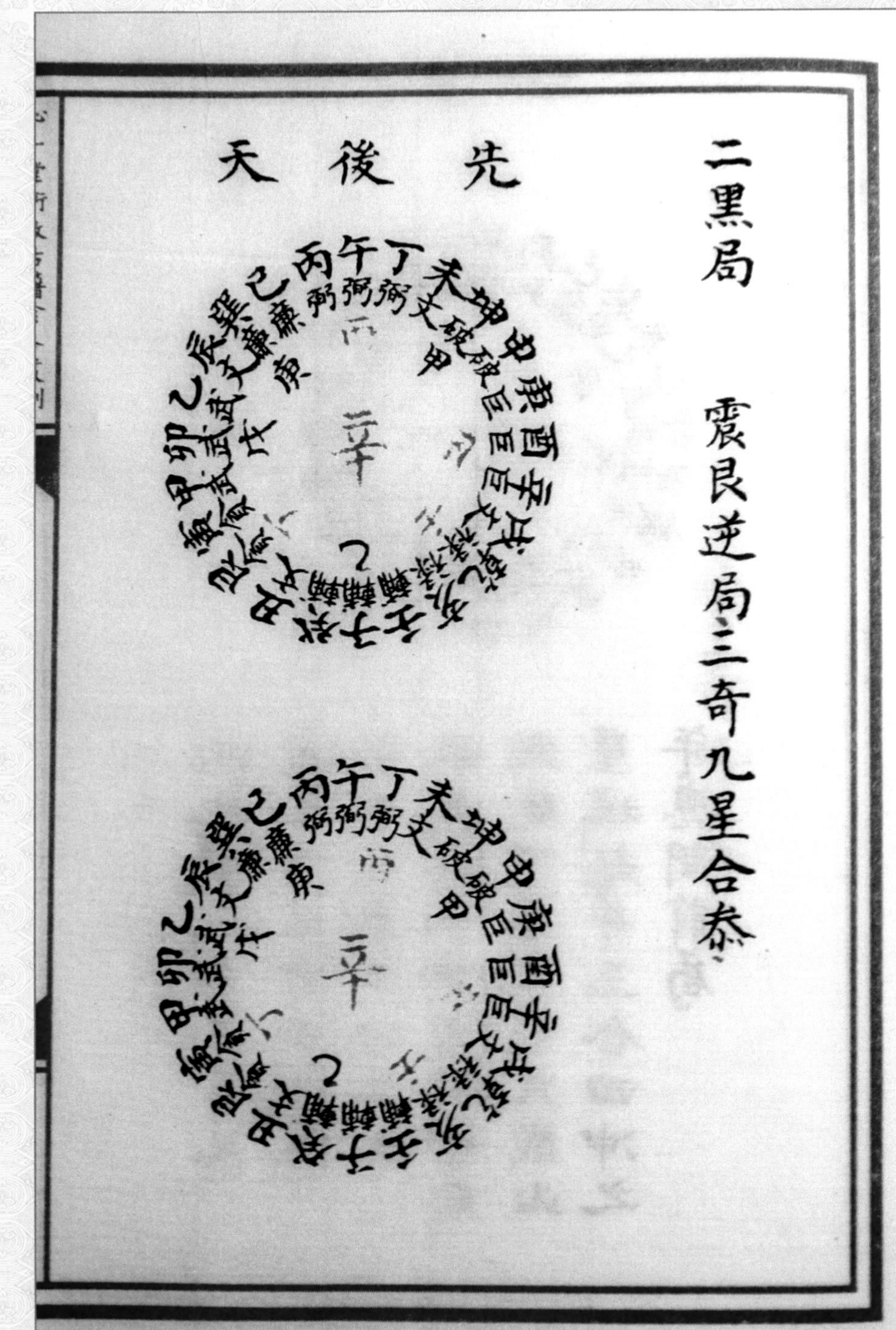
二黑局　震艮逆局三奇九星合泰
先後天

納丙。丁。入中三奇水收地下三奇兼輔。氣忌破文廉武四凶水若遇凶水拱照斜飛反跳乾流等煞交太歲凶星填起并三合四冲之年應閙前局

三碧局　坎兌順局三奇九星合叅

先天　後天

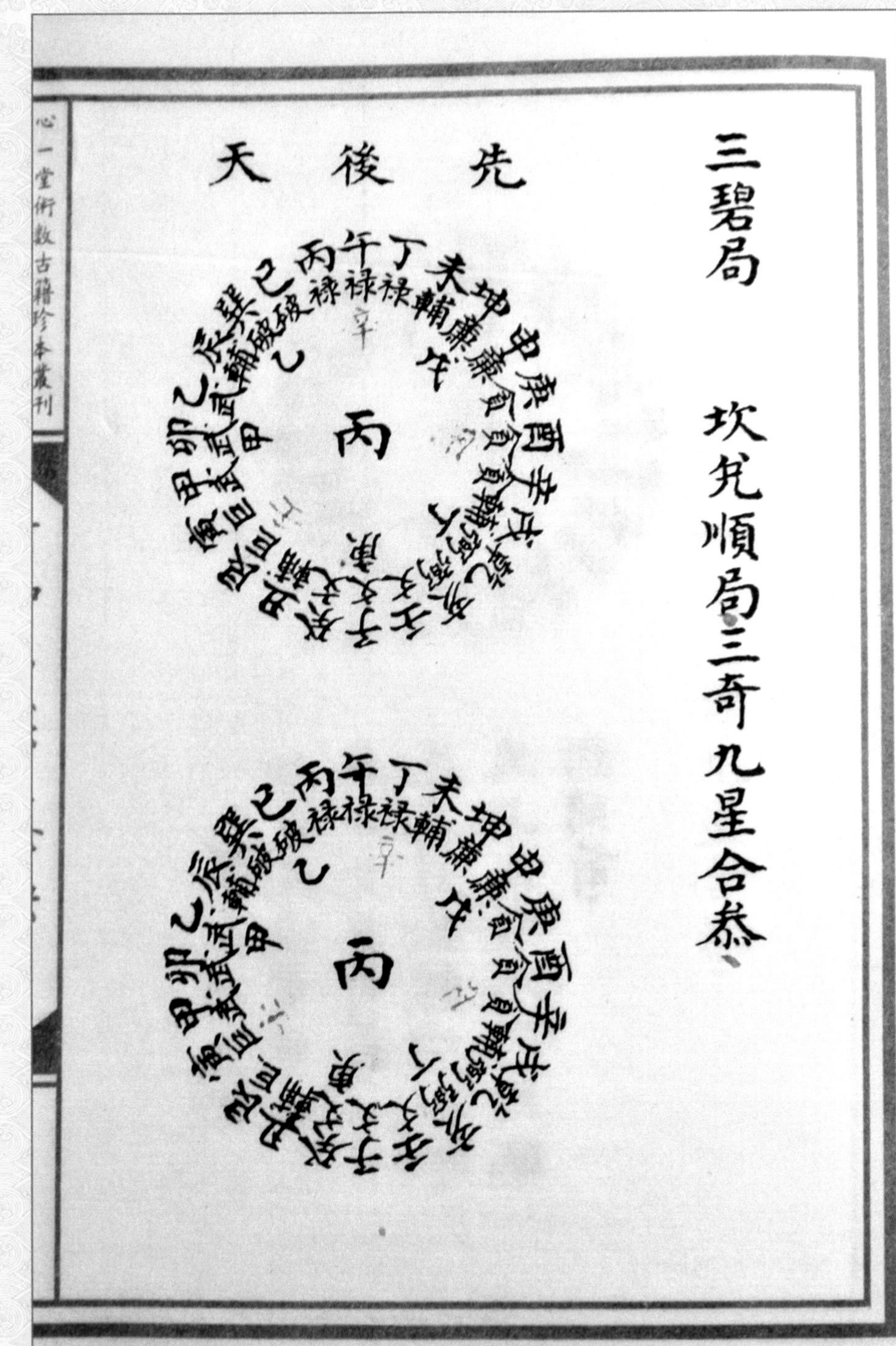

納人中三奇水。收地下三奇氣。忌文廉武輔四凶水。天上三奇水為煞敗。斷同前。

四綠局

艮乾逆局三奇九星合恭

先後天

納人中三奇水
收地下三奇氣
忌丈廉武凶水

五黄局　中宮順局逆佈三奇

先後天

未　坤　申　庚　酉　辛　戌　乾　亥　壬　子　癸　丑　艮　寅　甲　卯　乙　辰　巽　巳　丙　午　丁

甲

未　坤　申　庚　酉　辛　戌　乾　亥　壬　子　癸　丑　艮　寅　甲　卯　乙　辰　巽　巳　丙　午　丁

甲

納天上三奇水

收地下三奇氣

忌破文武輔四凶煞水

五黃局　中宮逆局順佈三奇

先後天

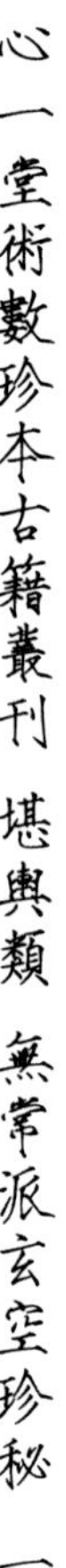

納天上三奇水、

收地下三奇氣、

忌文廉破輔四凶煞水

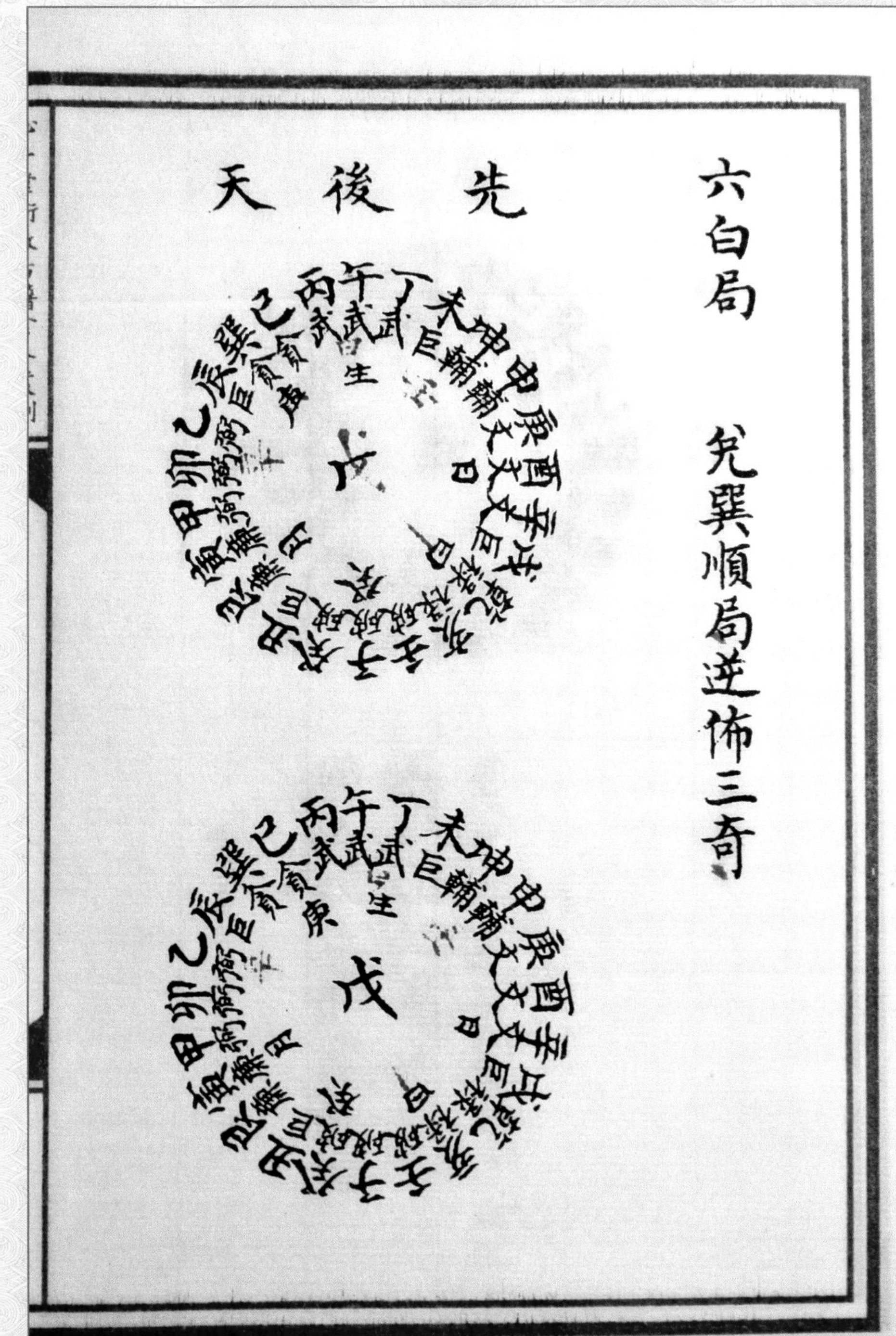
六白局　兌巽順局逆佈三奇
先後天
生
戊
生
庚
戊

納地下三奇氣互水

補人中三奇水

忌丈廉破凶水

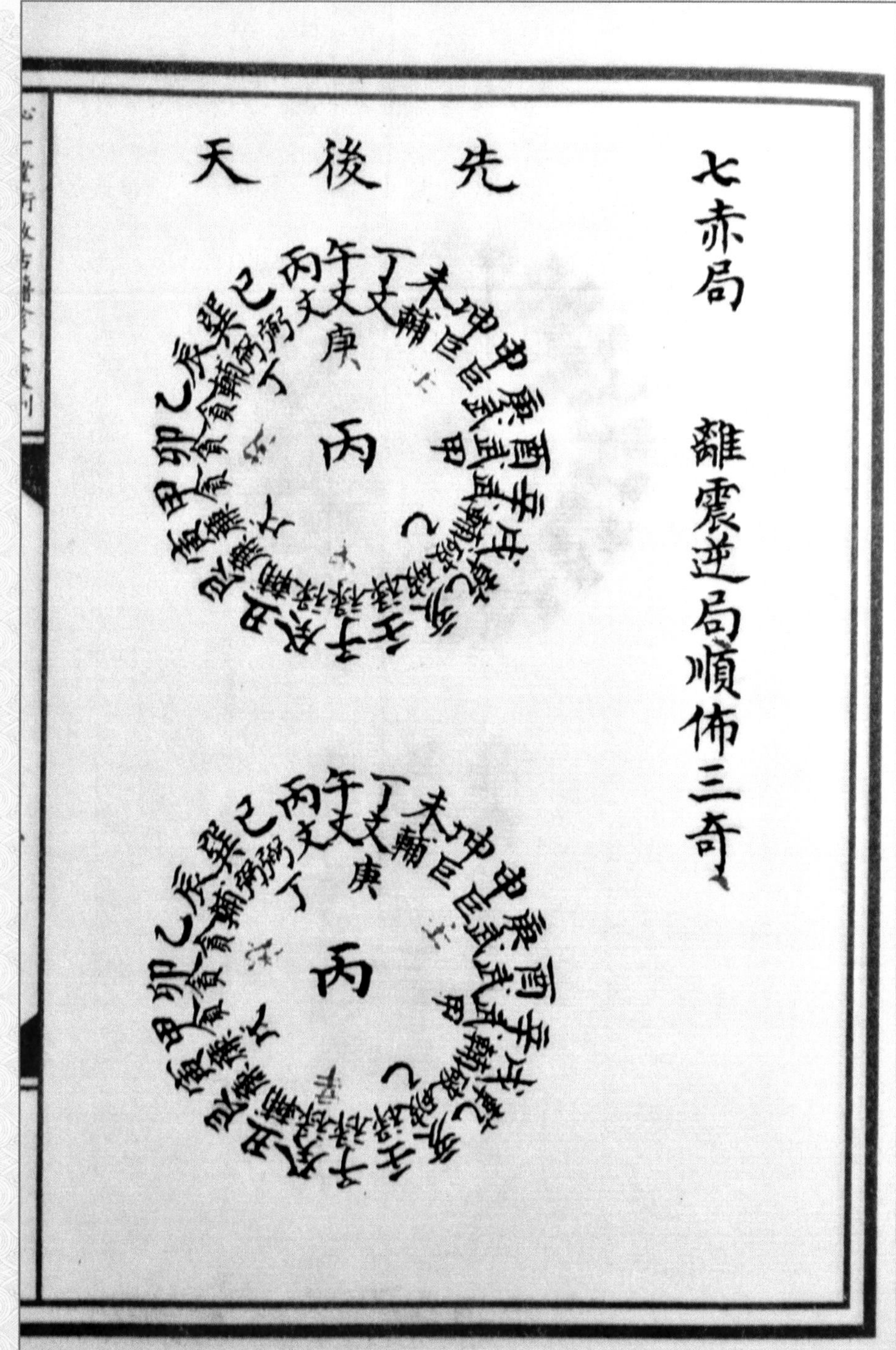
七赤局
離震逆局順佈三奇
先
後
天
丙
丙

納人中三奇水。

收地下三奇氣。

忌武輔破弼凶水。

八白局　巽坤順局逆佈三奇

先後天

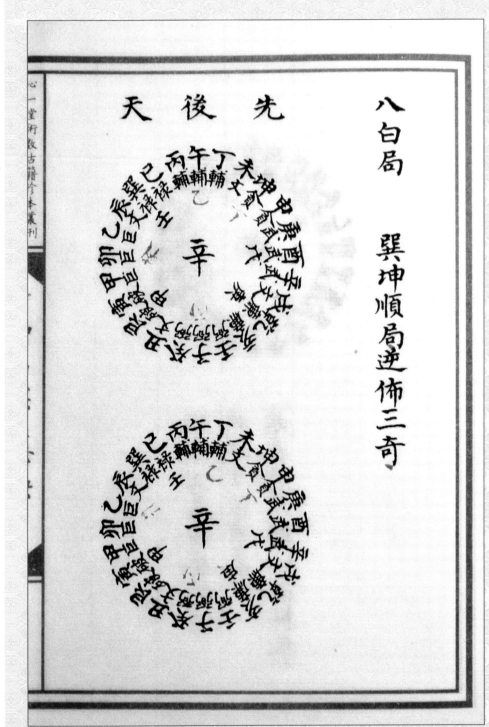

納天上三奇巨輔水
收地下三奇氣
忌文廉武破四凶煞水

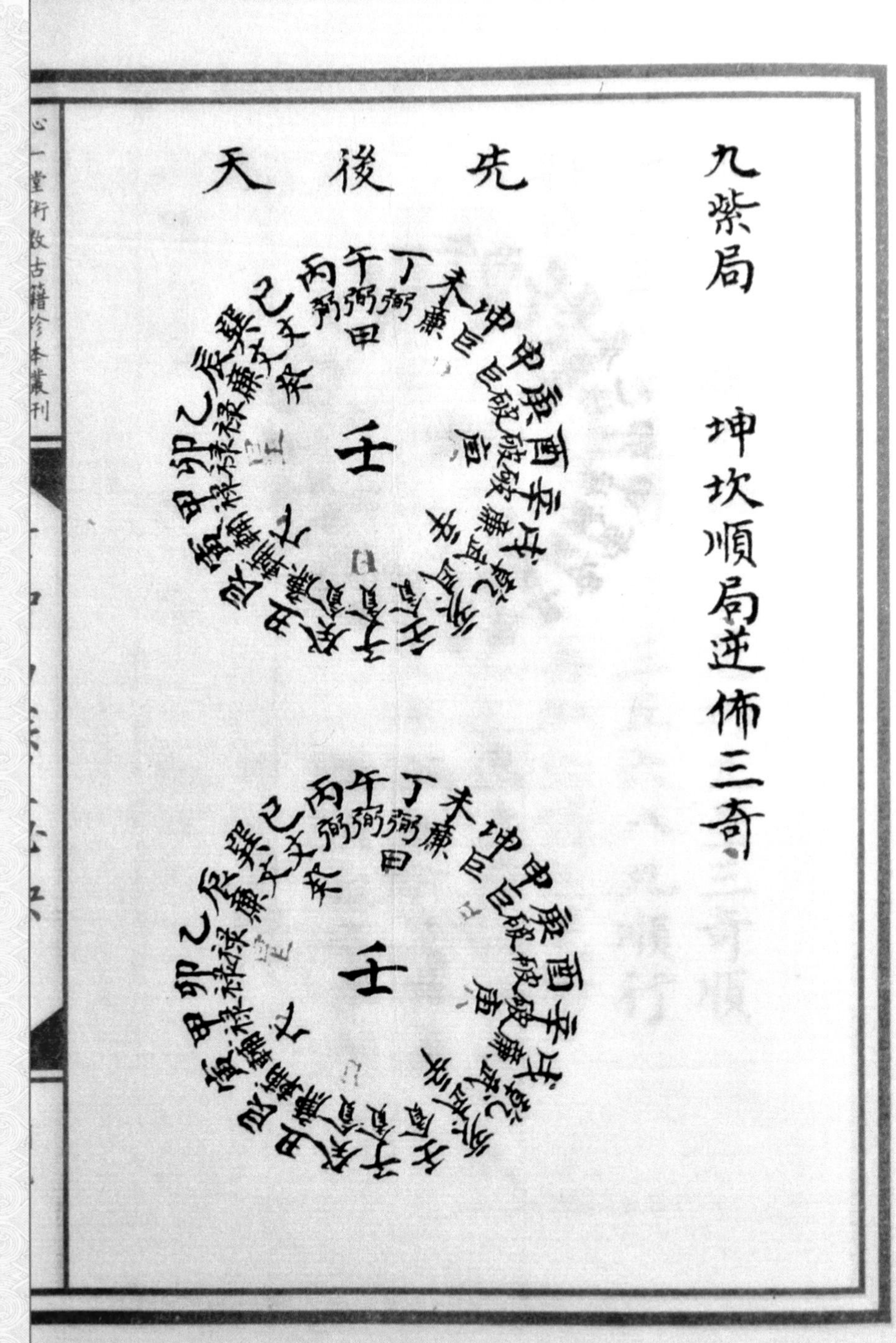
心一堂術數古籍珍本叢刊
九紫局　坤坎順局逆佈三奇
先後天
壬
壬

納天上三奇水

收地下三奇氣

忌文廉武凶水

若用挨星順逆論　逆排九星三奇順

一二三四七逆轉　三五六八九順行

排得星圖順逆定　再加六儀順逆論

挨星乃貪巨祿文九星也六儀者如甲子甲戌

甲申六甲也三奇乃天地人是也

天上三奇　甲戊庚　即地地地

地下三奇　乙丙丁　即日月星

人中三奇　壬癸辛　即人人人

中宮分寄
四庫有用
有不用耳

外盤

經云南北八神共一卦端的應無差
即前乾離逆局第一圖也餘可類推

中盤

經云江東一卦從來吉八神四個一
即前乾離逆局第二圖也餘可類推

內盤

經云江西一卦排龍位八神四個二
即前乾離逆局第三圖也餘可類推

前三十圖凡先天艮乾震離方即後天乾離艮震位用此方水作主即點貪星逆飛挨去凡先天兌坤巽坎方即後天巽坎坤兌位用此方水作主亦即點貪星順飛挨去經云順逆排來各不同天卦在其中蓋謂此也若水從左一字入首者即點貪星於左一一挨去如經所云甲庚壬丙俱屬陽順推五行詳是也若水從右一字入首者即點貪星於右一一挨去如經所云乙辛丁癸俱屬陰逆推五行論是也此八卦挨星真訣至寶至秘後賢得見此圖慧心穎悟者寶之慎之勿輕泄玄機至前三十圖尤屬秘寶非得金書

口訣者未易通曉也

甲庚壬丙四陽位　值得星從左順輪

乙辛丁癸四陰位　逆轉星辰向右行

順逆連珠三匝輪　貪巨武輔最為珍

挨得貴星如本穴　破祿廉文不作嗔

水上若是吉星陳　子孫富貴福如春

再得山星水口去　不日當朝車馬轔

欲得星加福力盈　先要識星分重輕

陽干之位隨陽重　陰干之位陰配令

識得配令與重輕　貴榮閭里足金銀

心一堂術數古籍珍本叢刊　第一輯書目

堪輿類

章仲山挨星秘訣（全彩色）
臨穴指南
靈城精義箋（全彩色）
堪輿一覽
三元地理真傳（線裝）
姚氏地理辨正圖說
地理辨正補
欽天監風水正論（線裝）
蔣徒傳天玉經補註
三元天心正運（全彩色）
元空紫白陽宅秘旨（全彩色）
羅經舉要（全彩色）
漢鏡齋堪輿小識
陽宅覺元氏新書
地理辨正補註
許氏地理辨正釋義
三元地理正傳（全彩色）
地理辨正天玉經內傳要訣圖解（全彩色）
地理方外別傳
星卦奧義圖訣（全彩色）
地理秘珍
三元挨星秘訣仙傳（全彩色）
欽天監地理醒世切要辨論（全彩色）
地理辨正抉要
地理法門全書
地理辨正抉要
元空法鑑批點本，秘傳玄空三鑑奧義匯鈔合刊
元空法鑑心法
地經圖說
地理辨正自解

謝氏地理書
地理學新義
平洋地理入門、巒頭圖解合刊
平洋地理闡秘（全彩）
華氏天心正運
地學形勢摘要
司馬頭陀地鉗
鑒水極玄經　秘授水法　合刊
地理輯要
地理辨正揭隱　附連成派秘鈔訣要
地學鐵骨秘　附　吳師青藏命理大易數
趙連城秘傳楊公地理真訣
趙連城傳地理秘訣附雪庵和尚字字金
山洋指迷
三元挨星四十八局圖說
張氏地理錦囊
青囊一粟
堪輿秘訣彙釋
風水正原
風水一書
金光斗臨經

命理類

命理大四字金前定數（全彩色）
韋氏命學講義
命理斷語義理源深
千里命稿
文武星案上下卷
精選命理約言
斗數宣微
斗數觀測錄
地星會源斗數綱要合刊（全彩色）
皇極數（1－4）
星命風水秘傳百日通
鐵板神數（清刻足本）——附秘鈔密碼表
邵夫子先天神數（1－2）
斗數演例（全彩色）
滴天髓闡微——附李雨田命理初學捷徑
算命一讀通——鴻福齊天
命學探驪集

占筮類

相法類

三式類

其他類

述卜筮星相學
中國歷代卜人傳